Thibaut Amant/ Daniel Denis/ Ulrich Knaack

Citroën DS
Das göttliche Jahrhundertauto

Citroën DS
Das göttliche Jahrhundertauto

& Fotos von Daniel Denis
Französischer Text von Thibaut Amant
Deutsche Bearbeitung von Ulrich Knaack

Inhalt

Kapitel 1	Eine Göttin kommt hernieder	8
Kapitel 2	DS19 (1955–1968)	14
Kapitel 3	ID19, ID20, DSpécial, DSuper (1957–1975)	30
Kapitel 4	DS21 (1966–1972)	44
Kapitel 5	DS23 (1973–1975)	62
Kapitel 6	DS Cabriolet (1960–1971)	70
Kapitel 7	ID Break (1959–1975)	84
Kapitel 8	DS Prestige (1958–1975)	102
Kapitel 9	Chapron-Cabriolets (1958–1969)	110
Kapitel 10	Chapron-Coupés (1958–1972)	118
Kapitel 11	Chapron-Limousinen (1965–1974)	130
Kapitel 12	DS-Prototyp Gruppe 5 (1972)	136
Kapitel 13	Tissier-DS (1972–1977)	144
Kapitel 14	Bossaert GT19 (1960–1965)	152
Kapitel 15	Michelin ID27 (1971)	160
Kapitel 16	Michelin PLR (1972)	166
	Technischer Anhang	172
	Danksagung D. Denis	175

Für die Göttin, die mich vor 27 Jahren zur göttlichen Passion gebracht hat.
U. Knaack

Vorworte

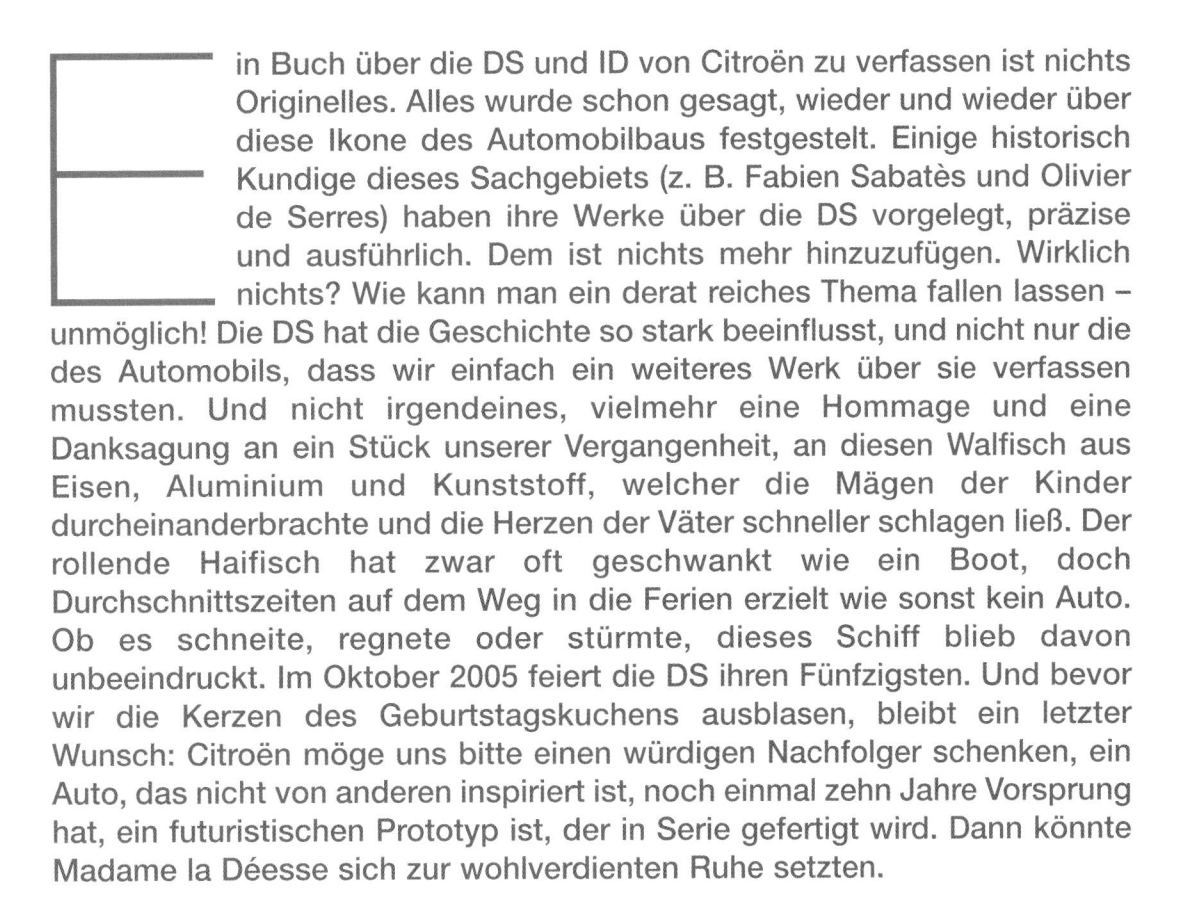

Ein Buch über die DS und ID von Citroën zu verfassen ist nichts Originelles. Alles wurde schon gesagt, wieder und wieder über diese Ikone des Automobilbaus festgestellt. Einige historisch Kundige dieses Sachgebiets (z. B. Fabien Sabatès und Olivier de Serres) haben ihre Werke über die DS vorgelegt, präzise und ausführlich. Dem ist nichts mehr hinzuzufügen. Wirklich nichts? Wie kann man ein derat reiches Thema fallen lassen – unmöglich! Die DS hat die Geschichte so stark beeinflusst, und nicht nur die des Automobils, dass wir einfach ein weiteres Werk über sie verfassen mussten. Und nicht irgendeines, vielmehr eine Hommage und eine Danksagung an ein Stück unserer Vergangenheit, an diesen Walfisch aus Eisen, Aluminium und Kunststoff, welcher die Mägen der Kinder durcheinanderbrachte und die Herzen der Väter schneller schlagen ließ. Der rollende Haifisch hat zwar oft geschwankt wie ein Boot, doch Durchschnittszeiten auf dem Weg in die Ferien erzielt wie sonst kein Auto. Ob es schneite, regnete oder stürmte, dieses Schiff blieb davon unbeeindruckt. Im Oktober 2005 feiert die DS ihren Fünfzigsten. Und bevor wir die Kerzen des Geburtstagskuchens ausblasen, bleibt ein letzter Wunsch: Citroën möge uns bitte einen würdigen Nachfolger schenken, ein Auto, das nicht von anderen inspiriert ist, noch einmal zehn Jahre Vorsprung hat, ein futuristischen Prototyp ist, der in Serie gefertigt wird. Dann könnte Madame la Déesse sich zur wohlverdienten Ruhe setzten.

Daniel Denis und Thibault Amant, im Sommer 2005

Die Festivitäten zum 50. Geburtstag sind mehr als ein Jahr vorüber, der würdige Nachfolger der DS, wie selbst die kritischen deutschen Journalisten schrieben, steht in Form des C6 auf der Straße. Alle Welt hat – einmal mehr – über Citroën berichtet. Das Jahrhundertauto hat sämtliche Zeremonien und Vereinnahmungsversuche durch Marketing und Werbung ohne Einbußen an Attraktivität überstanden. Was den Ruhestand betrifft, ist es das Privileg – doch auch der Fluch – der Bewohner des Olymp, niemals untätig zu sein. Göttinen arbeiten eben nicht. Sie leben immer. Insofern kann eine DS (nicht nur der private Walfisch, der uns seit bald 30 Jahren sommers wie winters nicht bloß bewegt wie ein schnödes Auto) niemals in Rente gehen. Sie schwebt wörtlich und sinnbildlich über fast allen anderen Autos. Und sie wird uns alle überleben. Selbst wenn sie sich materiell irgendwann einmal in einem eher teuflischen Zustand befinden sollte, es bleibt ihr Mythos. Bücher über die DS wird es deshalb vermutlich noch geben können, wenn schon gar keine Autos mehr fahren dürfen. Und jedes Land, mindestens in Europa, hat seine eigene DS-Geschichte. Es bleibt also noch genug zu erzählen, welch göttliche Vorstellung. Dank dafür, Göttin!

Ulrich Knaack, im Herbst 2006

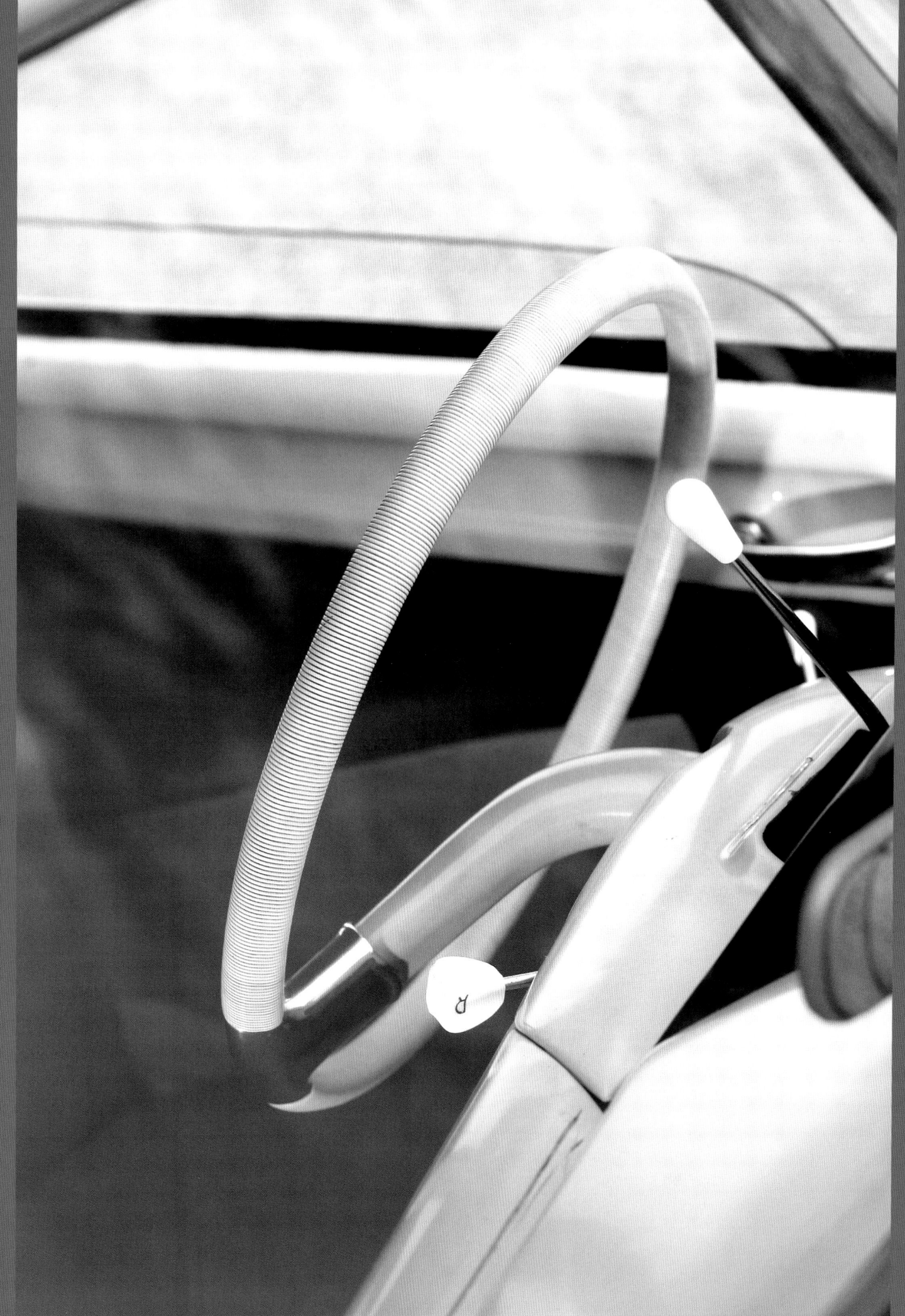

Eine Göttin DS kommt hernieder

Die Entwicklung der DS beginnt früh, zwischen 1936 und 1939. Seit dem Fortgang von André Citroën steht an der Spitze des nach ihm benannten Unternehmens Pierre-Jules Boulanger. Jener sucht nach einem Nachfolger für das Modell Traction Avant, das seinerzeit auf einer Welle des Erfolges schwimmt. Es handelt sich dabei, logische Etappe in einem Industrieunternehmen, zunächst nur um ein vages Entwicklungsprojekt. Selbstverständlich spricht man auch noch nicht von einer DS bzw. „Göttin", vielmehr, weit weniger poetisch, vom VGD, dem „Voiture de Grande Diffusion" (Auto großer Verbreitung).

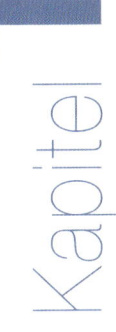

Kapitel 1

Von 1936 bis 1939 ist übrigens eher die Rede von einer „Super-Traction" als von einem wirklich neuen Citroën. Boulanger lässt parallel gleich zwei VGD entwickeln, einen Typ 125 und einen Typ 135, die Ziffern geben die jeweils geplanten Höchstgeschwindigkeiten an. In kleinen Heftchen macht sich Boulanger seine Notizen und hält dort ihm wichtig erscheinende Merkmale seiner Auto-Projekte fest. Den Hauptakzent setzt der Citroën-Direktor dabei auf den Komfort, eine seiner persönlichen Vorlieben. Tatsächlich werden das Entwicklungsbüro, geleitet von André Lefebvre, der die Traction binnen eines Jahres hervorbrachte, und die Designabteilung, personifiziert in Flaminio Bertoni, seinerseits Schöpfer der Traction-Außenformen, auf das VGD-Projekt angesetzt und zur permanenten Reflexion angeregt. Dennoch kümmern die Citroën-Entwickler sich zunächst vordringlich um das andere Auto-Projekt des Hauses, den TPV (Toute Petite Voiture = sehr kleines Auto), aus welchem später der 2CV entstehen soll. Dessen Präsentation ist bereits für 1939 vorgesehen und einige Vorserienexemplare sind bereits fertiggestellt, als der Weltkrieg ausbricht und alle Projekte stoppen lässt. Diese Unterbrechung erweist sich im Nachhinein für Citroën als gut (um dem schrecklichen Ereignis überhaupt etwas Positives abzugewinnen), und zwar nicht nur für den 2CV, der noch einmal bis zu seiner Serienreife im Herbst 1948 von Grund auf neu geplant wird, sondern auch für den VGD.

Die Ente zuerst

Die Citroën-Fabriken sind während des Krieges von der deutschen Besatzung mit der Produktion von Haushaltsgeräten belegt, die Firmenleitung jedoch, weit weg vom Pariser Stammwerk in den Westen nach Niort verlegt, funktioniert weiter und plant bereits vorausschauend die Nachkriegszeit. Diejenigen Ingenieure, die es wollen, dürfen, natürlich ohne darüber nach außen zu sprechen, an ihren jeweiligen Projekten weiterarbeiten und technisch interessante Grundfragen zu klären versuchen. Unter ihnen befindet sich ein gewisser Paul Magès. Dieser begabte Autodidakt kommt 1936 mehr oder minder durch Zufall ins Autounternehmen am Quai de Javel und klettert durch seine Begabung für Fragen der Mechanik anschließend Sprosse um Sprosse der Erfolgsleiter hoch. Anfang der 40er Jahre ist die Hydraulik „das Ding" von Paul Magès. Die Technik, mit Öl unter Druck relativ leicht mechanische Arbeit zu verrichten, fasziniert ihn. Chrysler benutzt seit 1924 die Hydraulik als Bremskraftübertragung, Citroën seit 1934 am Traction Avant ebenso. Doch man kann so viel mehr mit diesem Grundprinzip anfangen – Paul Magès jedenfalls glaubt an die Anwendung dieser Technik bei der Fahrzeugfederung. 1940 beginnt er seine Studien auf diesem Gebiet, 1944 hat er einen ersten fahrfertigen Prototyp auf die Räder gestellt. Dieser weist ein unwahrscheinliches Wirrwarr von diversen Schläuchen, Leitungen und Reservoiren an den verschiedensten Stellen auf. Zur Erprobung und weiteren Genehmigung der Entwicklungen an Direktor Boulanger übergeben, leckt der Prototyp an allen Ecken und Enden und löst sich bereits im Stehen auf. Doch gnädig gibt Boulanger der Technik seinen Segen, die Entwicklungen können weitergehen. Allerdings hat die Entwicklung einer Fahrwerkshydraulik für Citroën zunächst keine Priorität. Denn die Firma ist vollkommen, auch wenn sie sich dann doch bis 1948 hinziehen wird, mit der alsbaldigen Serienentwicklung des neuen 2CV belegt, welcher trotz seiner äußersten Einfachheit ein Fülle technisch anspruchsvoller Innovationen in sich birgt.

Der Unfall

Das VGD-Projekt wird ohne Eile oder speziellen Druck fortgesetzt. Boulanger ist nicht der Mann, der sich für diesen Wagen großartige technische Neuerungen vorstellt. Für ihn soll der Traction-Nachfolger vielmehr ein sehr konventionelles Auto sein, allerdings komfortabler als der Durchschnitt. Der quirlige und kreative Chefentwickler André Lefebvre, von der Firmenleitung gebremst, muss sich zügeln. Selbst Stylist Flaminio Bertoni, der auch die endgültigen Formen des 2CV mitbestimmt hat, entwirft zunächst eher weniger aufregende Entwürfe für die Außenhaut des VGD. Einer der ersten Prototypen wird von einem Herrn Leclerc entworfen. Wie Fabien Sabatès in seinem Buch *DS, objet de culte* mitteilt, verlässt jener das Unternehmen bald darauf für eine politische Karriere, offensichtlich jedoch auch diese ohne Erfolg.

Magès, der seine Hydraulik-Entwicklungen fortsetzt, gelingt es um 1949, weitgehend verlässliche Prototypen zu realisieren, welche Komfort und Straßenlage in der gewünschten Richtung vorantreiben. Mit diesen absolviert er auch schon Langzeittests in Skandinavien. Bertoni seinerseits widmet sich nun intensiv dem VGD und entwirft erste Gipsmodelle, die bereits die spätere fließende Linienführung des Autos vorwegnehmen, jedoch weisen sie noch nicht die langgestreckte Form der kommenden DS auf.

Ein Ereignis von großer Bedeutung stellt dann die gesamte Zukunft der Marke Citroën in Frage: Am 11. November 1950 kommt bei Brou-Vernet eine Traction Avant von der Nationalstraße 7 ab. Der an ihrem Steuer sitzende Pierre-Jules Boulanger ist auf der Stelle tot. Die gesamte Belegschaft von Citroën ist geschockt; was wird die Zukunft nun bringen? Boulanger hat nach der Pleite von 1934 die Firma wieder aufgebaut, wer soll ihn ersetzen? Einmal mehr kommt die Rettung vom Hauptaktionär Michelin. An dessen Spitze steht seinerzeit Robert Puiseaux, der die Doppelwinkelmarke auf keinen Fall in die Hände eines bereits interessierten amerikanischen Großkonzerns fallen lassen will. Bevor Puiseaux die Leitung von Citroën jedoch irgendeiner Person überträgt, will er sich selbst vom Zustand der Firma überzeugen. Um für Ruhe zu sorgen, leitet er neben dem Reifenkonzern in Clermont-Ferrand fortan als Verwaltungsratsvorsitzender auch die Pariser Automarke. Der allseits bekannte und respektierte neue Citroën-Chef erweist sich rasch als Herr der Lage und schenkt besonders fähigen Leuten bei Citroën gern sein Vertrauen.

Eilsache

Anlässlich eines Ortstermins in der Entwicklungsabteilung schenkt Puiseaux auch André Lefebvre aufmerksam Gehör, welchen er bereits aus seiner Zeit bei Voisin in den 20er Jahren kennt. Der Chefentwickler erklärt ihm, dass die Hydraulikfederung von Paul Magès in Kürze einsatzfähig sei und dass dessen System sich auch für die Lenkung, die Bremsen, die Kupplung und sogar den Antrieb eigne. Wider alle Erwartungen gibt Puiseaux Lefebvre grünes Licht; die DS kann gebaut werden.

Diese Entscheidung des neuen Mannes an der Citroën-Spitze ist gleichwohl äußerst gewagt, sie stellt wohl eine der riskantesten industriellen Entscheidungen des 20. Jahrhunderts dar. Der von Puiseaux nun als Citroën-Direktor eingesetzte Pierre Bercot zieht dementsprechend eine alarmierende Bilanz der Autoproduktion. Der Ausstoß an 2CV ist bei weitem nicht hoch genug im Vergleich zur anhaltenden Nachfrage, man muss damals rund zwei Jahre auf die Lieferung einer „Deuche" in Frankreich warten; und für die Traction (Modelle 11CV und 15CV) interessiert sich kaum noch ein Mensch. Die Konkurrenz dagegen ist wach und liefert neue Modelle. Man muss also nicht nur die Produktion des neuen Populärautos bei Citroën erhöhen, sondern auch sehr schnell einen Nachfolger für das Flaggschiff der Marke vorstellen, um nicht alsbald dessen Vorsprung zu verlieren. Kurzum, dies ist keinesfalls der Moment, um ein revolutionäres Auto herauszubringen!

Dennoch vertraut die gesamte Firmenleitung Lefebvre: Er soll machen, was er will, soll er sich doch etwas von seiner berühmten Fantasie zuflüstern lassen oder bloß intuitiv eine Ahnung haben, Hauptsache er macht es schnell! Zum Glück kann der unter Dampf stehende Ingenieur auf eine verlässliche Mannschaft zählen, klein an Zahl, aber hoch effizient. Alle sind bereit, das Unmögliche zu leisten, um das Unglaubliche, das Lefebvre fast jeden Tag auf der Tafel entwirft, voranzutreiben. Die Vorgaben für das neue Auto sind einfach und klar: Sehr niedriger Schwerpunkt, leichtes Gewicht, aerodynamisch günstige Form. Zwei Drittel des Gewichtes sollen beim VGD vorn liegen, um für guten Antrieb und beste Straßenlage zu sorgen. Nur die

Selten besitzt ein Automobil ein derart abgeklärtes und gleichzeitig individuelles Design: Die DS setzt neue Maßstäbe, sowohl in der Technik wie in ihren äußeren Formen.

Citroëns Chefdesigner Flaminio Bertoni ist durch und durch Künstler, neben seinem erlernten Beruf als Karosseriebauer und -zeichner auch als Maler und vor allem als Bildhauer tätig. Seine Leidenschaft fürs Modellieren, welches er beim Autodesign als Standard einführt, äußert sich sicherlich auch in den vielen, bis in Kleinste gestalteten Details der DS. Nur die legendären Trompetenblinker stammen von einem Mitarbeiter, sie werden erst kurz vor der Präsentation im September 1955 zu Bertonis Entwurf hinzugefügt.

Fahrgastzelle soll (selbst)tragend sein, die Karosserieteile sollen nicht tragend, daher äußerst leicht gebaut sein und mithilfe weniger Werkzeuge binnen Minuten demontiert werden können. Lefebvre plant, bei den Karosserie-Außenteilen Aluminium und das moderne Plastik zu verwenden. So wird die Motorhaube der DS das größte, jemals im Serien-Autobau verwendete Leichtmetall-Bauteil darstellen, und die Struktur des unlackierten Kunststoffdaches wird dieses später (bei der ID) lichtdurchlässig machen.

Revolution

Und das ist noch nicht alles, denn für die DS sieht Lefebvre eine Reihe technisch revolutionärer Neuerungen vor: Mittig angeordnete Achstraggelenke vorne, die bei Lenkrollradius Null Fahrbahneinflüsse fast vollständig ausschließen und einen extremen Radeinschlag ermöglichen, eine hinten um 20 cm engere Spurweite als vorn, gleichzeitig günstig für Fahrstabilität und Aerodynamik, eine hydraulische Federung mit integrierter Bremskraftverteilung und permanentem Niveauausgleich, dank derer die DS sogar auf nur drei Rädern fahren kann, eine Panorama-Windschutzscheibe sowie besonders schlanke Tür- und Fensterpfosten, welche die Rundumsicht wenig einschränken, ein gewichtssparendes Einspeichenlenkrad, das sich bei einem Unfall leicht verformen kann, ein Ventilator aus Rilsan-Kunststoff, der 80 Prozent Gewicht gegenüber einem Bauteil aus Metall spart und somit den Verbrauch reduziert, Kraftstoffleitungen aus biegsamem Kunststoff statt der bis dato üblichen aus Kupfer und immer so weiter. Dutzende weiterer Ideen werden der DS hinzugefügt, nur eine wichtige nicht: Der von

Walter Becchia entwickelte Sechszylinder-Boxermotor, den es sowohl in luft- als auch wassergekühlter Ausführung gibt. Mit seinem besonders niedrigen Schwerpunkt und guter Leistung wäre er ein bedeutender Trumpf des neuen Citroën geworden. Doch daraus wird nichts, alle Versuche mit dieser Konstruktion scheitern kläglich. Unter dem gebotenen Zeitdruck und angesichts der Finanzierbarkeit all dieser innovativen Ideen des Entwicklungsteams entscheidet die Direktion 1952, den Vierzylinder der Traction von Grund auf zu überarbeiten und auch für die DS zu verwenden. Maurice Sainturat verwendet die besten Zutaten für die Verjüngung des weit oben seitengesteuerten Reihenmotors mit kurzen Stoßstangen: Aluminium-Zylinderkopf mit hemisphärischen Brennräumen, V-förmig hängend angeordnete Ventile und Querstromgasführung sind damals Elemente aus dem Spotwagensektor. Auf einmal weist der 1900er Motor solide 75 PS auf, und entwickelt sich, mit einer grundlegenden Umstellung im Jahr 1965 auf fünffache Lagerung, dank verschiedener Hubräume weiter bis zu den 126 PS eines DS23ie am Ende der Karriere der Baureihe im Jahr 1975.

In wenigen Jahren, ja teils nur Monaten werden die bisherigen Grundlagen der Automobil-Technik durch die DS-Entwickler neu gedacht. Die komplizierteste Aufgabe bleibt freilich die Anpassung der Hydraulik von Paul Magès. Die Zentral-Hydraulik ist es, die letztlich aus der DS ein total unkonventionelles Auto machen wird. An ihr hängt die automatisierte Kupplungsbetätigung und die Schaltung der Gänge, die Bremse, die nun auf ein Pedal verzichten kann und durch einen „Pilz" mit wenigen Millimetern Betriebsweg betätigt wird, die Federung und Dämpfung mit Niveauausgleich sowie die Servolenkung.

Verzögerung

Fahrfähige Prototypen werden ab Ende 1951 gebaut. Einen von diesen bringt Lefebvre mit einigen Helfern am 12. März 1952 auf einem Lkw zu Erprobungen in die Nähe von Draguignan, dem Wohnort seines Sohnes in den Seealpen. Jener Tag bedeutet das Ende des jahrelangen Entwickelns im Verborgenen und wird ganz Frankreich den neuen, weit fortgeschrittenen Citroën vorführen. Die Reporter des jungen Magazins *L'Auto-Journal* haben sich nämlich in der Umgebung versteckt und schießen Fotos des fahrenden Prototyps, welche sie anschließend veröffentlichen. Citroën will sich diese, damals noch unübliche Veröffentlichungspraxis nicht gefallen lassen und prozessiert gegen die Zeitschrift. In den Folgejahren tauchen immer wieder Polizisten in der AJ-Redaktion auf, immer wieder versucht Citroën, die Berichte des ersten unabhängigen Reporter-Blattes im Automobilsektor zu stoppen. Das Blatt schafft es dennoch, bis 1955 Schritt für Schritt viele wesentliche Details der künftigen DS zu enthüllen (allerdings nicht ihren klingenden

Namen). So sehr man die Reaktion seitens Citroën nachvollziehen kann, wo ja nicht nur einfach irgendein Nachfolgemodell, sondern eine Revolution vorbereitet wird, so sehr sind auch Wille und Mut der Journalisten von L'Auto Jounal zu bewundern, die im Grunde nur ihre Arbeit machen und das Publikum unabhängig informieren wollen.

Kommen wir zum Jahr 1952 zurück: Technisch gesehen beginnt die DS, sich klarer abzuzeichnen, als schwierig entpuppt es sich für die Ingenieure, die Hydraulik verlässlich zu machen. Gerade auch die Bremsen erfordern zahlreiche Versuche, um die notwendig Sicherheit zu gewährleisten. Zu jenem Zeitpunkt kann nicht einmal Lefebvre jedes Detail dieses Systems genau erklären! Stylistisch macht Flaminio Bertoni zeitgleich große Fortschritte, die fließenden Grundlinien der Karosserie stehen bereits fest: verkleidete Hinterräder, ein gerundetes Vorderteil mit lang abfallender Motorhaube, ein nach hinten abfallendes Dach, das in Heckfenster und Kofferraum übergeht. 1954 ist das Außendesign fast völlig fertig, nur die Endentwicklung der Technik läuft nach wie vor schleppend. Die DS kann erst zum Automobilsalon 1955 gezeigt werden. Um die Kundschaft zu beruhigen, Gerüchten aus der Presse, allen voran – einmal mehr – von *L'Auto Journal*, zu begegnen, doch auch um die Hydraulik im Alltagseinsatz zu erproben, stellt Citroën den 15/6H vor, das H steht für „hydraulique". Dieser Traction-Sechszylinder vom Frühjahr 1954 verfügt teilweise bereits über die gleiche hydropneumatische Federung wie die kommende DS und soll beim Publikum zweifellos den Eindruck erwecken, die kommende Neuerung von Citroën bestünde nur in diesem einen, sicherlich revolutionären Detail.

12.000 an einem Tag

Die Bombe namens DS platzt schließlich am 6. Oktober 1955, dem Eröffnungstag des Pariser Automobilsalons. Am Vortag werden drei Exemplare der neuen Citroën-Limousine, von Planen verhüllt und unter großen Sicherheitsvorkehrungen in die Haupthalle des Grand Palais gebracht und dort auf dem Citroën-Stand aufgestellt. Niemand weiß, außer den Personen, die es entwickelt haben, wie das neue Auto aussieht. Mit Öffnung der Messe drängelt sich das Publikum rund um den Citroën-Stand. Die Enthüllung des Autos lässt alle den Atem anhalten. Welcher Schock! Niemals zuvor hat man so etwas bei einer Modellenthüllung gesehen, und man wird es derart auch nicht noch einmal erleben. Die DS ist da! Eine „Göttin" ist herabgestiegen, zum Greifen nah und doch scheinbar unwirklich. Zwei Zahlen reichen aus, um den außergewöhnlichen Eindruck, den dieses Auto vermittelt, sichtbar zu machen: Am Ende der ersten Stunde der Ausstellung liegen knapp 1000 Bestellungen vor, am Ende des Tages zählte man 12.000! Die Geschichte des Jahrhundertautos hat mit dessen erster Version DS19 begonnen.

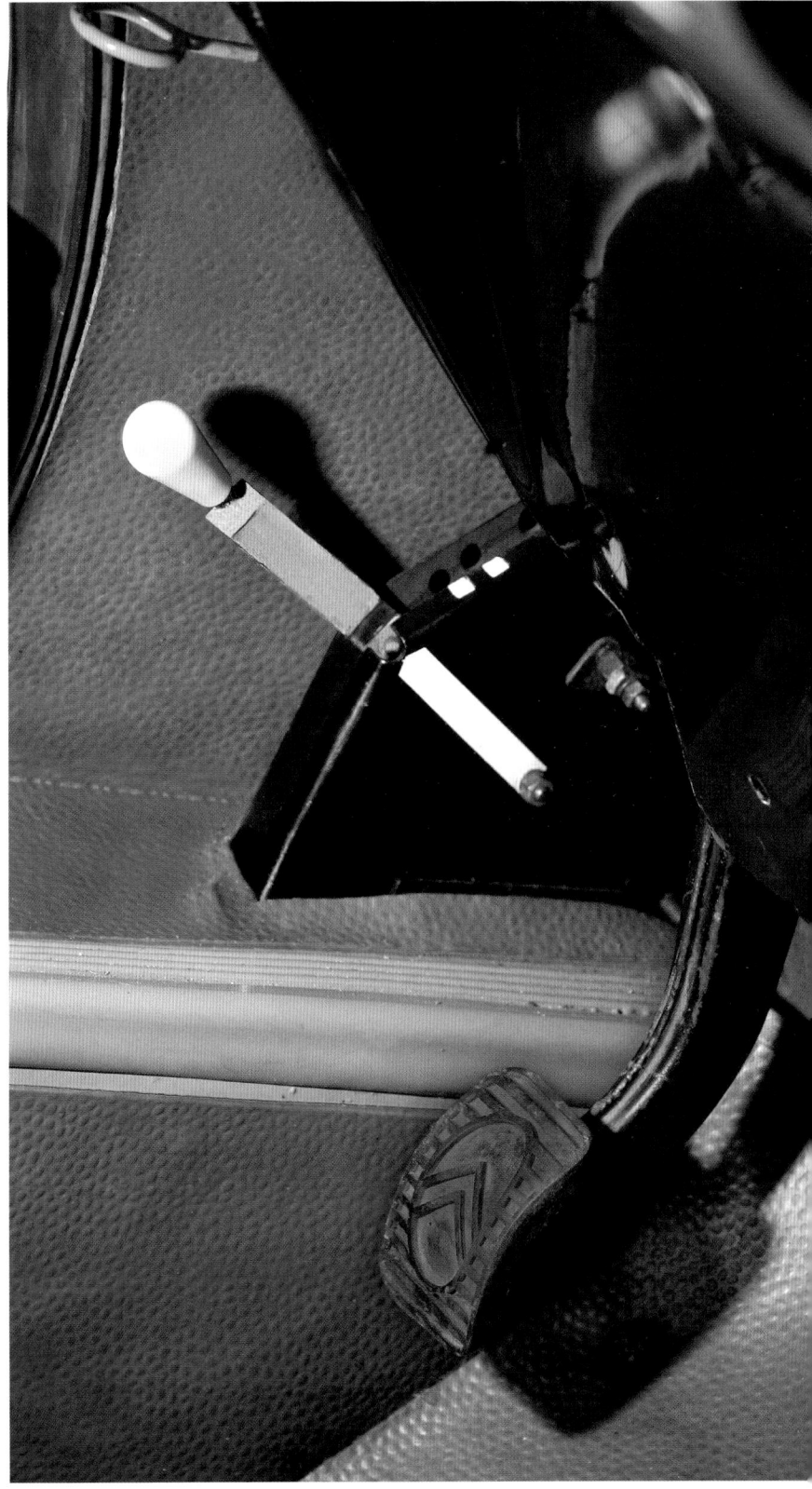

Markantes Zeichen für den hohen technischen Standard der DS: die Höhenverstellung des hydraulischen Fahrwerks links neben den Füßen des Fahrers. Mit ihr kann man das Fahrzeug nicht nur für den Radwechsel, der keinen Heber mehr erfordert, sondern auch für schlechte Wegstrecken in eine höhere Position „fahren". Interessanterweise wird dieser Bedienhebel der DS-Hydraulik erst im Februar 1956 eingeführt, die wenigen allerersten DS seit Oktober 1955, schätzungsweise hundert, besitzen ihn nicht.

DS

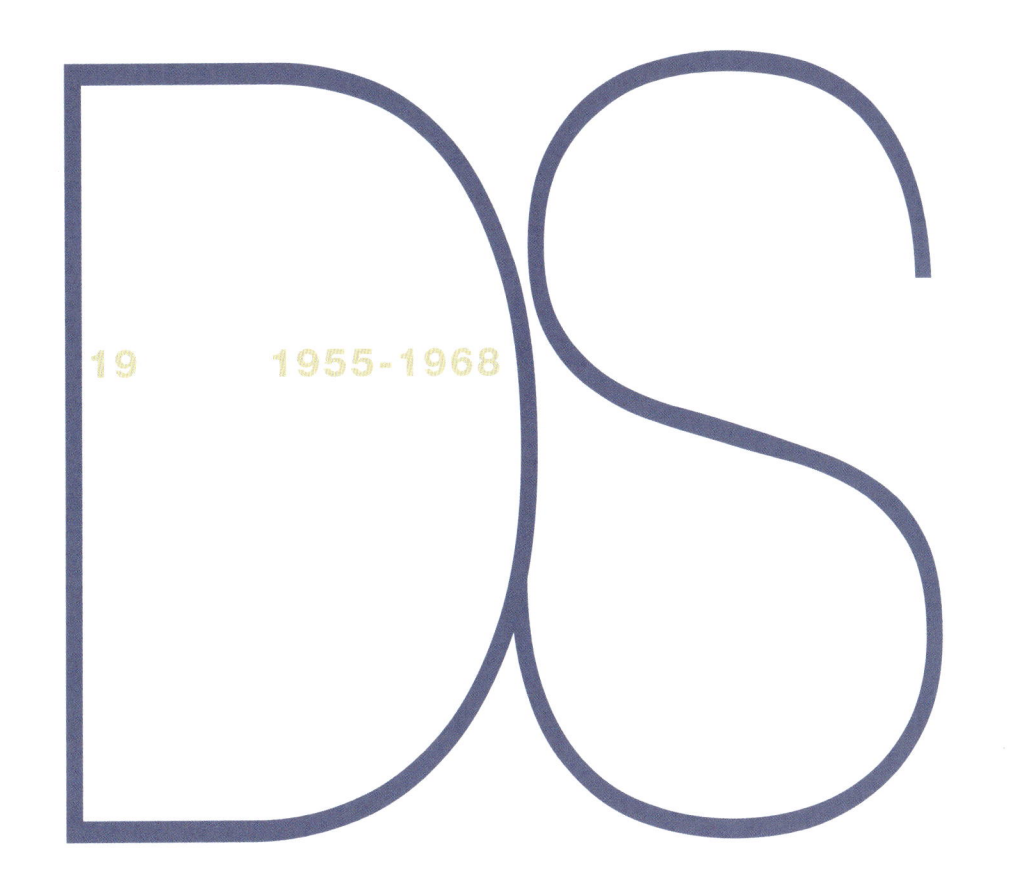

19   1955-1968

Auf dem Pariser Salon im Oktober 1955 erschienen war die erste DS19 bereits ein 1956er Modell. Jene erste Ausführung wird unter allen Versionen heute als besonders ursprünglich und unverfälscht angesehen. Für einige Verehrer stellt die erste DS auch die schönste Version dar, vor allem wegen ihrer schnörkellosen äußeren Gestalt ohne Zusätze und wegen der Atmosphäre, die ihr Armaturenbrett vermittelt, eine Referenz im Autodesign ebenfalls aus dem Atelier von Flaminio Bertoni. Zumindest in Frankreich stellt die früheste DS wohl auch die gesuchteste und berühmteste Variante dar. Die DS19 hatte übrigens insgesamt von allen Modellen die längste Laufzeit. Zurück zum Anfang, zu der DS, mit der alles begann.

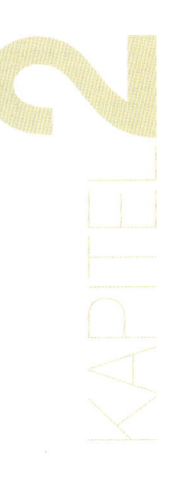

KAPITEL 2

Erste Pannen

Im Winter 1955 fahren die ersten DS19 auf den Straßen Frankreichs und Europas. Sie wirken wie Ufos, wie aus amerikanischen Comics entsprungene Raumschiffe im Straßenbild jener 50er Jahre, das noch ganz von solch altertümlichen Fahrzeugen wie der Traction bestimmt wird, die bei Citroën immer noch im Angebot ist. Der Abstand zu den zeitgenössischen Autos könnte kaum größer sein, sowohl im Design als auch in der Technik. Letztere wird von den Besitzern eher furchtsam als Zauberwerk betrachtet: Man weiß, dass die DS eine technische Revolution darstellt, dass sie eine fantastische Straßenlage und einen außergewöhnlichen Fahrkomfort aufweist; sie bremst auch besser als jedes andere Auto, aber erklären, wie das Ganze funktioniert und zusammenhängt ... Die Kundschaft versteckt sich gerne hinter dem einem Wort, das alles zusammen erklären soll: hydropneumatisch.

Tatsächlich beginnt die Karriere der außergewöhnlichen Citroën-Limousine mit Hindernissen. Die ersten Besitzer einer DS erleben Panne auf Panne. Häufig finden sie ihr Auto am Morgen in einem Meer aus Flüssigkeit vor, dem LHS der Hydraulik, oder von einem Moment auf dem anderen stehen sie ohne Lenkunterstützung da, ohne Bremse, ohne Schaltung und das Auto senkt sich auf seine Räder ab. Die berühmte Hydraulik ist im ersten Jahr weit entfernt davon, uneingeschränkt serienreif zu sein, und die ersten DS-Besitzer sehen sich als Versuchskaninchen missbraucht. Zum Glück kann sich Citroën (zumindest in Frankreich) auf engagierte Händler und besonders treue Kunden, verlassen, die bereit sind, für außergewöhnliche Produkte des Hauses alle kleinen Fehler zu vergeben.

Stetige Verbesserungen

In der Tat verbessern die Ingenieure im Laufe des ersten Modelljahrs die Technik der DS19 kontinuierlich. Rund um Paul Magès wurde ein Notfall-Stab gegründet, dem Hydraulikprobleme Tag und Nacht von den Händlern gemeldet werden können. Und die gewünschten Ergebnisse stellen sich bald ein. Monat um Monat gibt es Modifikationen, so wird im Februar 1956 der Handverstellhebel für die Hydraulik eingeführt, mit dem die Bodenfreiheit des Wagens vom Fahrersitz aus verstellt werden kann, ab April 1956 ermöglicht eine Leerlaufanhebung deutlich sanfteres Ein- und Auskuppeln bei niederen Tourenzahlen und im Juli bekommt die Hydraulikpumpe einen Doppelkeilriemen. Die Jahrgänge 57 und 58 sind solider gebaut, Änderungen betreffen nun öfter Äußerlichkeiten wie die zuvor geriffelte Aluminium-Schürze, die im Mai 1957 einem in Wagenfarbe lackierten Teil weicht. Die Kunden beruhigen sich langsam und genießen die tatsächlich vorhandene technische Überlegenheit ihres Autos. Im Februar 1958 kommt ein Doppelauspuff mit Austrittsrohren hinten links zum Einsatz, die Rückstrahlerhalter verlieren ihre roten Zierstreifen. Zum Modelljahr 60 werden im August 1959 die hinteren Kotflügel bis über die Stoßstange verlängert, die schlichteren, sechseckigen Rückstrahler sind nun darin eingelassen. Einen Monat später bekommen die DS-Modelle große Gitter (in Frankreich „Aschenbecher" getauft) in den Vorderkotflügeln, die der besseren Entlüftung des Motorraums dienen sollen. Das Resultat überzeugt wenig und wird zwei Jahre später zum 63er Modelljahr aufgegeben. Zum Modelljahr 61 gibt es wieder wichtige technische Neuerungen wie den Übergang zur 12-Volt-Elektrik und die Einführung eines Fliehkraftreglers anstelle der wenig zuverlässigen Niederdruckpumpe für die, durch die Hydraulik automatisierte, mechanische Kupplung (September 1960). Im März 1961 wird die Leistung der DS19 erstmals erhöht, womit Citroën seinen Kritikern der ersten Stunde begegnet, denen der überarbeitete Traction-Vierzylindermotor als zu schwach erscheint. Mit 83 statt 75 PS, mit erhöhter Kompression dank gewölbter Kolbenböden und mit Registervergaser erreicht die DS19 erstmals 150 km/h.

Unten: Die kompromisslos moderne Linienführung der DS in 1956er Ausführung lässt noch heute den Schock der Besucher des Pariser Salons vom Oktober 1955 erahnen.

Oben: Zu den besonderen Merkmalen der ersten DS-Ausführung gehören auch die ovalen rückwärtigen Katzenaugen, die in Chromzierstreifen auf den noch kurzen Hinterkotflügeln auslaufen, sowie die kleine Kotflügelschraube (SW 14). Im Mai 1958 werden die (an diesem Wagen fehlenden) roten Linien auf den Chromleisten der Katzenaugen entfallen.

Oben rechts: Die Linienführung der DS ist nicht nur ästhetisch, ihr Purismus hat – wie jeder gute Entwurf – auch funktionelle Gründe. Ihr spezifischer aerodynamischer Widerstand liegt bei einem c_W-Wert von nur 0,38.

Oben links: Die Trompetenblinker in Pastikrohren setzen die Dachlinie geschickt fort.

Unten: Das Interieur der DS gleicht eher einem Wohnzimmer der 50er Jahre. Dunlopillo-Schaumstoffpolster verleihen den „Sesseln" eine bis dato unbekannte Weichheit.

Rechte Seite unten: Der Schriftzug Citroën vorne links auf der Motorhaube ist den Export-Modellen vorbehalten, in Frankreich nur Zubehörteil, ansonsten steht der Name des Herstellers nicht auf dem Auto angegeben. Eine „Göttin" erkennt wohl jeder und nur Citroën kann sie bauen.

Mit Armpolster, doch noch ohne Ablagefach: Die Türfüllung einer frühen DS19. Rückspiegel außen sind damals übrigens stets Zubehör.

Ganz oben: Das erste Armaturenbrett von Bertoni besteht fast durchgehend aus Kunststoff und bereitet Citroën erhebliche Fertigungsprobleme und hohe Kosten. Es setzt das Einspeichenlenkrad, eine Idee von Lefebvre, besonders gut in Szene.

Oben: Richtig gelesen, die Chassis-Nummer dieses Autos lautet 425! Übrigens soll das Typenschild aller D-Modelle bis zum Schluss der Baureihe mit zwei Kreuzschlitzschrauben befestigt bleiben.

Rechts: Merkmal der frühesten Modelle bis Februar 1958: der zentral platzierte Einrohrauspuff mit dem wahrscheinlich längsten Pkw-Auspuffrohr der Welt. Kennzeichen aller D-Modelle, und aerodynamisch vorteilhaft, ist ihr fast völlig ebener Unterboden.

23

Der Haifisch

Nach sechs Jahren Bauzeit ist die DS nicht gealtert, überrascht den Betrachter mit ihrem Anblick im Verkehrsgewühl nach wie vor. Dennoch verpasst Citroën dem Modell in den Jahrgängen 62 und 63 einige bedeutende Änderungen, weniger im Sinne einer optischen Retusche – die DS ist und bleibt zeitlos in ihrer Gestalt – als um die Funktionalität zu steigern. So wird im September 1961 die ursprüngliche Armaturenbrettgestaltung, deren modernes Design einen erheblichen Teil des Aufsehens um das neue Auto im Jahr 1955 ausmachte, aufgegeben wegen zu geringer Ergonomie. Die neue Instrumentierung greift die geschwungene Linie Bertonis auf, fasst nun aber die Instrumente klarer in zwei Ebenen zusammen, sodass der Fahrer sie viel besser ablesen kann. Abgedeckt wird die Tafel nun mit einer schwarzen Oberseite, die sich nicht mehr störend in der Windschutzscheibe spiegelt. Die gesamte Einheit ist aber vor allem auch deutlich preiswerter und mit viel weniger Zeitaufwand zu produzieren.

Karosserieseitig ändert sich an der DS im September 1962 die Bugschürze. Das bisherige, unter der Stoßstange sitzende „Waschbecken" mit seinem weit offenen Zugang weicht einem aerodynamisch stark verbesserten geschlossen Teil, das dank Lufteinlässen auch die Kühlung der Bremsen zu verbessern hilft. Die neue, spitz zulaufende Schürze verlangt auch neue vordere Stoßfänger, ihrerseits nun ebenfalls viel spitzer als bei der ersten Serie. Praxisnah besitzt diese nun auch zwei stilbildende, chromeingefasste Gummipuffer, die dem Auto ausgesprochen gut stehen. Im gleichen Zuge ergänzen übrigens auch zwei Gummipuffer die Hinterstoßstange, dem Einparken zur Beruhigung.

Stylistisch hat die DS die bissigere Form eines Hais erhalten, der bereit ist, die Straßen vor ihm zu „fressen". Tatsächlich verbirgt sich hinter der Änderung aber auch eine derart drastische Aerodynamik-Verbesserung, dass alleine wegen der neuen Karosserieform das Auto um 10 km/h schneller fährt. Ansonsten bietet Citroën nun den Kunden wahlweise auch ein mechanisches Getriebe wie bei der Schwester ID im Modell DS19M an, eine Kombination, welche die zahlreichen Rallye-DS erfolgreich vorgemacht haben.

Kraft und Schönheit

In den Modelljahren 65 bis 67 erfährt die DS19 zahlreiche Verbesserungen. Fangen wir mit der berühmten Ausführung Pallas vom Herbst 1964 an. Es handelt sich dabei um ein Paket von durch und durch luxuriösen Ausstattungsmerkmalen, dank derer sich die DS deutlich vom einfacheren Schwestermodell ID abhebt, das dem Basismodell immer ähnlicher wird. Was umfasst die Pallas-Ausstattung? Sie beginnt bei dicker gepolsterten Velourssitzen mit höheren Lehnen, auf Wunsch und gegen Aufpreis auch mit Leder bezogen, erstreckt sich über dickere Teppiche, die nun sogar die Schweller bedecken, bis zur Chromabdeckungen der Schächte am Bodenrand, speziellen Chromradkappen, welche die gesamte Felge abdecken, bis zu Zusatz-Halogenscheinwerfern auf den Kotflügeln neben der Motorhaube. Stichwort Glanz: Die vorderen Blinker zeigen einen Chromimitat-Rahmen, die Türen sind bei den Pallas-DS mit Zierleisten versehen, deren Gummifüllung auch stoßabsorbierende Funktion hat, die C-Säulenverkleidung besteht anstelle des geriffelten Aluminiums aus gebürstetem Edelstahl und trägt das Signet „DS". Und das ist längst noch nicht alles, denn eine DS Pallas ist von vornherein fast ein anderes Auto, das sich auch spürbar anders fährt, vor allem viel ruhiger als eine Basis-DS. Um diesen Abstand zu unterstreichen, führt Citroën die elegante, neue Farbe „gris palladium" (Pallas-Grau) ein, die den luxuriösen Modellen vorbehalten ist.

Die Ankunft des neuen Modells DS21 im September 1965 stellt die Existenz

der DS19 nicht infrage. Im Gegenteil, im gleichen Schritt wird auch deren gesamte Antriebseinheit erneuert: Bohrung mal Hub von 90x85,5 mm schaffen nun einen kurzhubigen Motor mit 1985 cm^3 und 90 SAE-PS (nach deutscher Steuerformel 1972 cm^3 und 84 DIN-PS). Trotz fast zwei Litern Hubraum bleibt es (zunächst) bei der Verkaufsbezeichnung DS19. Die sonstigen Änderungen jenes Modelljahres: Wegen des neuen Getriebes und neuer Antriebswellen nun auch Felgen mit fünf konventionellen Radmuttern, Michelin XAS-Reifen, neue Schürze vorn mit geänderten Lufteinlässen für die neu gestalteten Scheibenbremsen, Pallas-Seitenteile geändert. Im folgenden Jahr wird die synthetische Flüssigkeit LHS (seit 1965 LHS2) im Hydrauliksystem der DS durch die mineralische Flüssigkeit LHM, zur Absetzung in Grün eingefärbt, ersetzt. Zahlreiche Probleme mit der bisherigen Hydraulikflüssigkeit entfallen künftig, denn das LHM ist dauerschmierend und nicht korrosiv, wie sein Vorgänger, es zieht auch kein Wasser mehr aus der Luft. Die DS wird immer perfekter. Zwölf Jahre nach ihrer Vorstellung erhält auch die DS19, genau wie der Rest des „göttlichen" Programms, ein erneutes, diesmal noch deutlicheres Facelift.

Das Auto mit Augen

In zwölf Jahren hat die Göttin von Citroën fast keine Falten bekommen. Niemand hat sie kopiert, sie bleibt ein einzigartiger Sonderfall im automobilen Angebot ihrer Zeit, das die Konkurrenz technisch immer noch bloßstellt. Sicherlich hat dieses Auto, dem man gar nicht unberührt gegenüberstehen kann, neben seinen glühenden Verehrern auch genausoviel Kritiker, doch

Aus der Seitenansicht dieser DS19 von 1963 erkennt man die Änderungen zur zweiten Front: Neue Schürze, nun geschlossen bis zur neuen Frontstoßstange reichend. Die Hinterkotflügel sind verlängert, keine Zierstreifen mehr für das Katzenauge und die hintere Stoßstange hat Gummipuffer bekommen.

auch diese können den kommerziellen Erfolg, die ausschweifenden Lobeshymnen der internationalen Presse und den objektiven Technik-Vorsprung des Sonderlings nicht leugnen. Die Direktion von Citroën lässt sich dennoch nicht täuschen und weiß, dass man das Modell „runderneuern" muss, wenn es bis in die 70er Jahre hinein erfolgreich weiterverkauft werden soll. Ohne die Grundidee zu verwässern soll die Form aktualisiert werden und so erscheint zum Modelljahr 68 eine optisch überarbeitete DS. Citroën will vor allem Bug und Heck überarbeitet sehen, eine Arbeit die der designierte Nachfolger Flaminio Bertonis, Robert Opron, vor allem seit dessen plötzlichem Tode im Jahr 1964 verfolgt. Noch von Bertoni selbst stammte jedoch zu 100 Prozent die Idee, die Schweinwerfer hinter Glas in die Kotflügel zu integrieren, was dem Wagen erneut einen gehörigen Gewinn an Geschlossenheit und fließender Linie verschafft. Bertoni soll Herrn Oprons Beschreibung nach übrigens wie so oft seine Idee am Anfang der 60er Jahre direkt in Gips entwickelt haben, indem er einen DS-Kotflügel der ersten Serie kurzerhand einhämmerte und dann die integrierten Lichter darauf modellierte. Ausgehend von dieser Grundidee benötigt die Neuschöpfung der DS-Front nur 14 Tage, wohingegen Herr Opron zum Heck der DS einmal betont hat: „Wir fanden schlicht keine besser Lösung als die vorhandene Form!"

Stylistisch verschwinden die Lichter nun also glattflächig in den Kotflügeln, was eine neu geformte und größere Motorhaube sowie neue Stoßfänger nach sich zieht. Die Blinker sitzen nun (leider) erhaben und nicht mehr ganz eingelassen unterhalb der Scheinwerfer. Auch technisch bringt das neue Erscheinungsbild Innovatives: Paul Magès, einmal mehr dieser Vater der Hydraulik, erfindet für die Scheinwerfer

Die geschlossene Form der neuen Front zeigt in die Linie des Autos perfekt intergrierte, pfeilförmige Gummipuffer, die das Auto optisch schon im Stehen nach vorn streben lassen.

unter Glas eine einfache, per Seilzug von der Lenkung betätigte Verstellung, mit Hilfe derer das Zusatzfernlicht in die Kurven hinein leuchtet. Man stelle sich den Vorteil bei Nacht auf kurvenreichen Bergstraßen vor – ein Vorsprung, den Citroën natürlich breit in seiner Werbung aufgreift.

Aus 19 wird 20

Mit neuem Gesicht erlebt die DS19 also ab Oktober 1967 (die neuen Modelljahre beginnen jetzt wieder später im Herbst) ihr letztes Modelljahr, denn kaum ist sie geliftet, wird sie in Rente geschickt. Doch es ist nur ein halber Ruhestand, denn die 19 wird schlicht im Folgejahr in eine 20 umbenannt, als ein Registervergaser die 84 DIN-PS des Zweiliters der DS19 auf 90 DIN-PS (bzw. die 90 SAE- auf 103 SAE-PS) beim DS20 steigen lässt, bei ansonsten nicht verändertem Motor. Dennoch ist damit ein neues Kapitel aufgeschlagen, für eine legendäre Nummer ist nach dreizehn Jahren die letzte Klappe gefallen.

Oben: Der nunmehr gelbe Blinker im Chromgehäuse.

Mitte: Die neue, deutlich preiswerter zu produzierende und einfacher zu montierende DS-Armaturentafel der zweiten Generation behält die nach rechts abfallende geschwungene Linie. Die Abdeckung ist nun schwarz und reflektiert nicht mehr.

Unten: Die Form der Sitze ändert sich nur wenig im Laufe der Jahre. Zahlreiche Einstell- und Regelmöglichkeiten kommen hinzu, Leder wird 1964 als Option eingeführt.

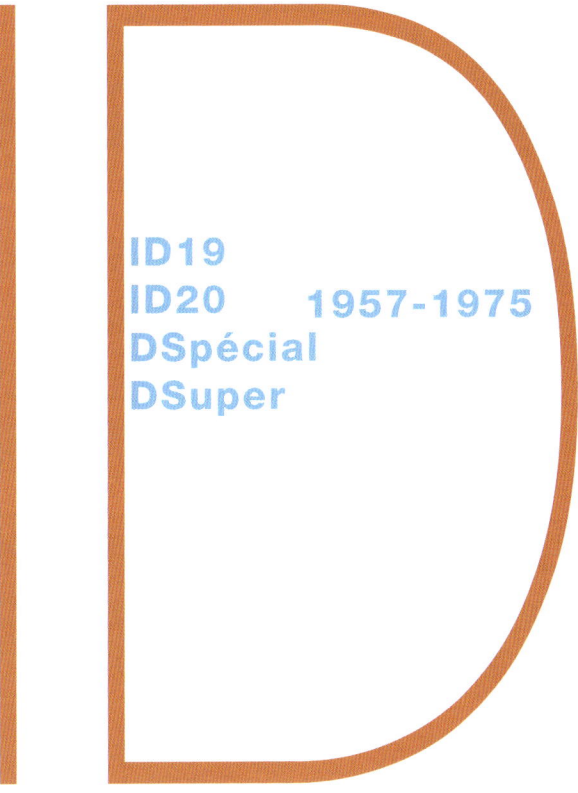

ID19
ID20   1957-1975
DSpécial
DSuper

Das Erscheinen der DS bewirkt einen beachtlichen soziokulturellen Schock. Die Vorstellung dieses außergewöhnlichen neuen Modells stellt sogar die bisherige Grundlage aller Autos infrage. Der Fahrer einer DS muss völlig neue Reflexe einüben, seine Gewohnheiten beim Fahren ändern, denn dieses Fahrzeug fährt sich absolut nicht so wie andere Autos. Zum Beispiel ist es äußerst delikat, vom trotz aller Modernität rustikalen Eisenring eines Traction-Lenkrades zum einspeichigen, filigranen Kranz eines DS-Lenkrades zu wechseln, das dem Lenkenden kaum Widerstand entgegensetzt. Zahlreiche Citroënnisten, seit 20 Jahren auf den verschiedenen Modellen der Traction, 7CV, 11CV oder gar dem Sechzylinder 15CV, eingeübt, können sich nur schlecht an das neue Auto gewöhnen. Unter anderem für sie hat Citroën nun eine exzellente Idee: die ID.

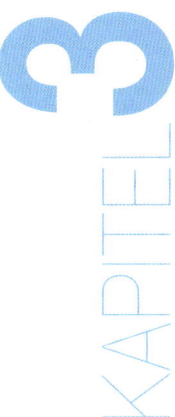

Seit ihrem Erscheinen als „DS der Armen" eingestuft, kann die ID19 doch zahlreiche Käufer überzeugen, zumeist Langstreckenfahrer. Es stimmt, dass sie an Komfort und Luxus zur DS verloren hat, gleichzeitig an Zuverlässigkeit gewonnen.

Zahlreiche Details unterscheiden bei gleichen Grunddimensionen eine ID von einer DS, dazu gehören anfänglich z. B. das unlackierte, rohe Kunststoffdach, die runden Rückstrahler und (in Frankreich) die kleinen Radkappen.

So ähnlich wie ...

Abgesehen von ihrer gewagten Technik, welche die große Masse eher abschreckt, wird die DS19 im Vergleich zum sonstigen automobilen Angebot ihrer Zeit ziemlich teuer verkauft – zum großen Glück von Peugeot, wo gleichzeitig mit der DS das neue Modell 403 erscheint, das sich zwar sehr viel bodenständiger, ja vielleicht sogar rückständig gibt, dabei aber auch (in Frankreich) einen deutlich geringeren Preis hat. Ein großer Teil der DS-interessierten Klientel kann Citroëns Preis finanziell einfach nicht verkraften. Um den Technik-Furchtsamen und Personen mit einem „schmaleren" Bankkonto entgegenzukommen, stellt Citroën auf dem Automobilsalon im Oktober 1956 die ID19 vor. Deren Werbemotto hätte glatt lauten können: „Wie man mit wenig Geld den Eindruck erwecken kann, eine DS zu fahren, und dabei keine Panne hat." Tatsächlich ist

Oben: Diese ID19 Confort von 1961 ist ein Familienauto. In den 70er Jahren vom Vater weggestellt unterzieht sie der Sohn einer aufwändigen Komplettrestaurierung.

Unten: Die noch zerklüftete und weit offene Schürze der ersten Front ist bei den ID von Anfang an lackiert und hat keine Chrom- oder Alu-Zierelemente. Bei den einfachen ID sind nicht einmal die Scheinwerfereinfassungen in Chrom sondern lackiert.

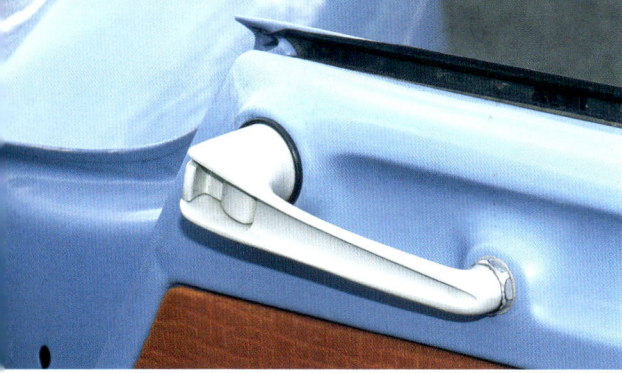

eine ID19 nichts anderes als eine DS19, die einiger hydropneumatischer Funktionen beraubt wurde, welche zwar ihre spezifische Identität ausmachen, aber auch anfänglich für wiederkehrende Pannen verantwortlich sind. So bleibt der ID einzig die hydropneumatische Federung, die Bremsbetätigung ist konventionell, Lenkung und Schaltung samt Kupplung sind bei ihr mechanisch, alles sehr viel einfacher und bewährt. Auch wenn der bequeme Fahrstil dadurch stark gelitten hat, natürlich nicht was die exzellente Straßenlage betrifft, so bleibt der Gesamteindruck der großen Schwester DS erhalten, bloß hat die ID deren Pannenhäufigkei der Anfangsjahre auf ein Minimum reduziert. Eine gute Idee (ID) also, die Göttin DS (déesse) ganz „irdisch" zu machen!

Um einen günstig niedrigen Verkaufspreis zu erreichen, wird die Ausstattung reduziert. Fast überall landen die Zierteile, vor allem die verchromten, im „Müll": Keine Radkappen, lackierte statt verchromter Scheinwerferringe (was bald jedoch wieder eingeführt wird), dazu fehlende Türdichtungen, Kofferraum ohne Teppichverkleidung, rohes, unlackiertes Dach ohne Himmel, fehlende Teppiche, Dunlopillo-Sitze nur als Option, feste Sitzlehnen, keine Armpolster, vereinfachte Heizung nur für vorn, einfachere Instrumentierung, weniger gestylte Armaturentafel und so weiter. Auch unter der Motorhaube greift das Sparprogramm, denn der auf weniger Verbrauch getrimmte 1911 cm³-Vierzylinder gibt in der ID nur noch 66 SAE- bzw. 63 DIN-PS ab. Im Großen und Ganzen ist dies die Beschreibung des Modells ID19 Luxe,

Oben: Die Türgiffe der ID bestehen aus Kunststoff statt wie bei den DS aus Metall.

Mitte: Detail einer vergangenen Zeit, Zündzeitpunktversteller am ID-Armaturenbrett.

Unten: Der erste Eindruck täuscht: Das ID-Lenkrad ist nicht identisch zu dem der DS, Da der Zahnstangenlenkung hier die Servo-Unterstützung fehlt, ist sein Druchmesser größer. Die glattere ID-Armaturentafel zeigt sich geschlossen.

Viele Details des ID-Interieurs sind spezifisch: Rohes Kunststoffdach und der geriffelte Dachrand, Sonnenblenden, Positionslicht usw.

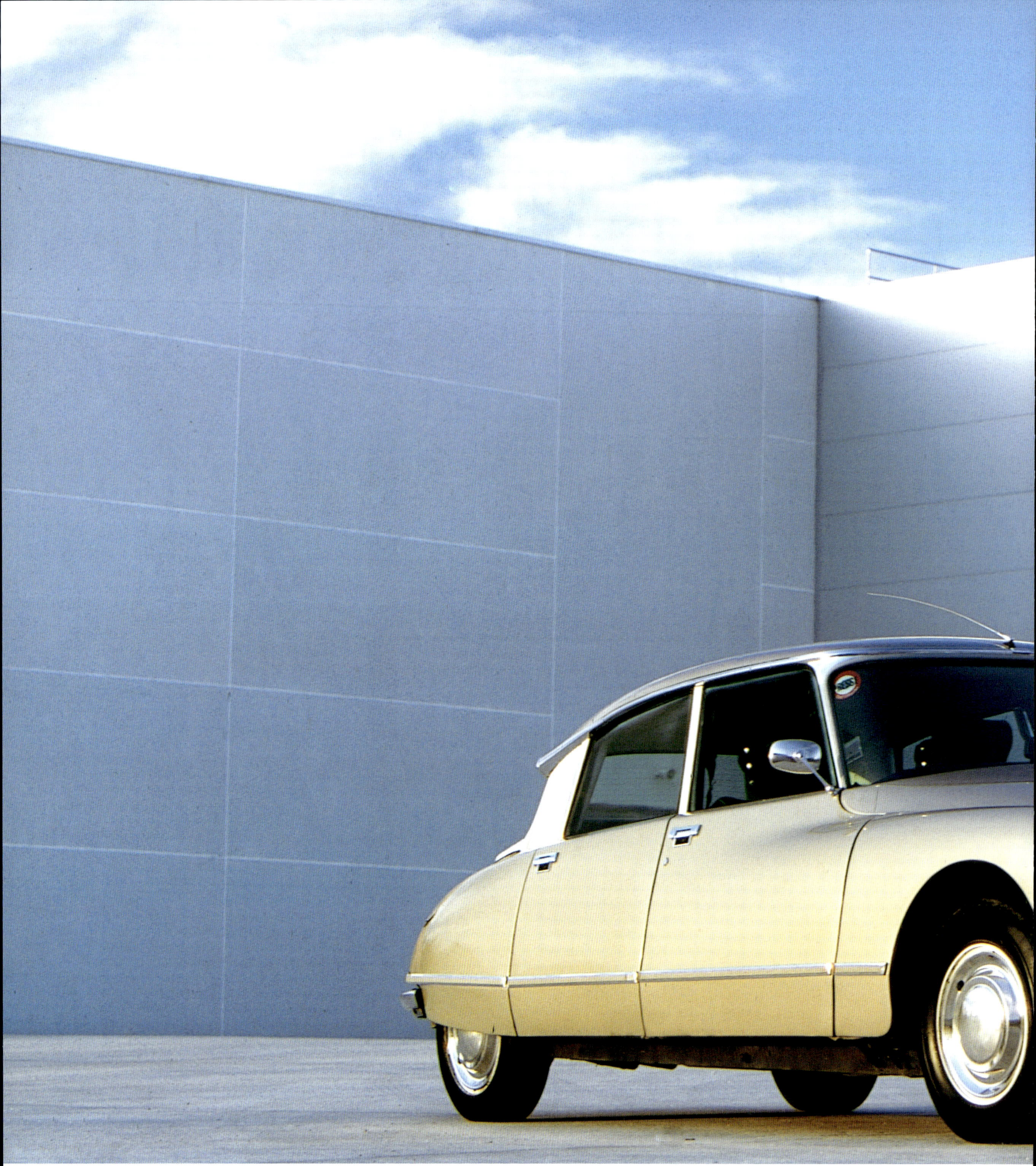

wie es im Oktober 1956 vorgestellt, produziert jedoch erst ab März 1957 wird. Am oberen Angebotsrand der ID-Palette wird ab Juli 1957 noch die ID19 Confort thronen, die mit einigen Ausstattungen angereichert ist, ohne gleich an die DS heranzureichen: Liegesitze, einfache Gummi-Teppiche, Armpolster, Scheibenwaschanlage. Doch auch am untersten Rand gibt es 1957 noch ein weiteres „Vehikel" im Angebot, die ID19 Normale: Sitzbank vorn statt Einzelsitze, unverkleidetes Metall-Lenkrad, nur eine Sonnblende, feststehende hintere Türscheiben, Ersatzrad ohne Befestigung im hinteren Kofferraum statt auf Halterung im Motorraum, einzige Farbe mattschwarz, auch am lackierten Dachrand: die ID Normale spart ein, wo es geht. Und das ist noch nicht alles, als Motor kommt ein fast unveränderter Traction-11D-Vierzylinder mit Blech-Ventildeckel zum Einsatz, der nur 62 SAE bzw. 60 DIN-PS leistet. Eigentlich ist diese ID nur ein Fortführung der eingestellten Traction mit „göttlichen" Mitteln, man könnte sie auch als Antwort auf die Frage nehmen: Wie macht man aus einem UFO einen Trecker?

Näher an der DS

Die 57er und 58er Versionen der ID Luxe und Confort verändern sich kaum, die ID19 Normale, erst ab Oktober 1957 in Serie gegangen, wird das Jahr 1959 nicht überdauern. Paradoxerweise ist dieses billigste aller jemals gebauten D-Modelle heutzutage die wohl seltenste (und teuerste) aller Serien-Limousinen. Im Laufe der folgenden Jahre passt sich die ID19, abgesehen von den allgemeinen Karosserieänderungen der Baureihe wie z. B. neue Schürze, andere Stoßstangen oder längere Hinterkotflügel usw. immer mehr in den Technikdetails einer

Eine DSuper des letzten Baujahres. Der Nachfolger der ID20 ist selbst für den Kenner äußerlich kaum noch von einer DS zu unterscheiden. Klärend bleibt bis zum Schluss einzig der Blick aufs Bremspedal.

Standard-DS an. Im September 1961 wird die ans Hydrauliksystem gekoppelte Hochdruckbremse auch bei der ID eingeführt, allerdings vereinfacht im Aufbau. Ab Modell 63 (September 1962) kann die Servounterstützung der Lenkung als Option geordert werden, was im Export, z. B. nach Deutschland oder der Schweiz, bald darauf zum Standard werden soll. Im September 1964 erhält die ID eine den DS angepasste, schwarz abgedeckte Armaturentafel, allerdings ohne den charakteristischen Schwung wie bei der großen Schwester. Ihr Motor leistet

Oben: An dieser ID20 des Baujahres 1975 – selbst wenn sie kommerziell so nicht mehr getauft wird, bleibt es bei der internen Typbezeichnung – lässt sich die immer größer gewordene Nähe zur DS feststellen.

Auch wenn einige ID in Frankreich die mitlenkbaren Fernscheinwerfer der Modelljahre ab 1968 zunächst nicht besitzen (in Deutschland dagegen immer), zum Schluss verfügen alle „D-Modelle" über dieses Technikmerkmal.

Diese DSuper in sehr gutem Zustand zeigt die von den Pallas-DS her bekannten Türschutzleisten, ein häufig von den Kunden geordertes oder selbst angebrachtes Zubehörteil.

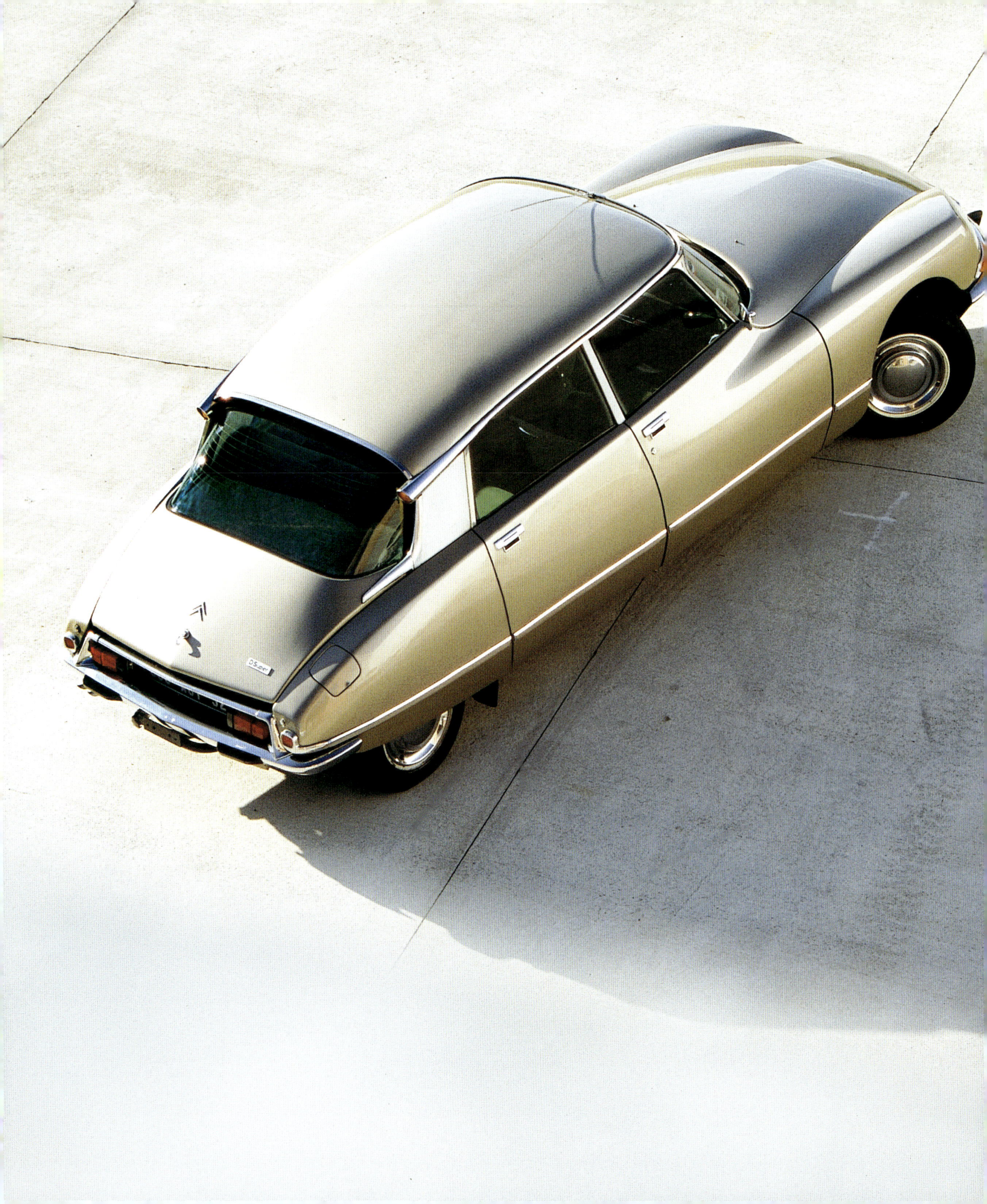

nun dank von 7,5 auf 8,5 gesteigerter Verdichtung 75 SAE- bzw. 66 DIN-PS. Ein Jahr später dann, als die DS21 erscheint und die DS19 den Motor der neuen Generation mit fünf Lagern erhält, „erbt" die ID19 den ursprünglichen DS-Motor (jetzt als Typ DE bezeichnet) mit 81 SAE- bzw. 74 DIN-PS. Intern heißt sie nun ID19A. Zum Modell 67, ein Jahr nach den DS also, erfolgt dann auch für die ID die Umstellung auf die neue Antriebseinheit mit geänderten Getrieben, Bremsen, Antriebswellen und fünffach gelagerten Motoren. Die nun ID19B getaufte kleine Schwester der DS19 erhält eine schwächere Version von deren 1985 cm^3-Kurzhubmotor (Typ DV), der hier nur 84 SAE- bzw. 78 DIN-PS statt 90 SAE- bzw. 84 DIN-PS leistet.

Super spezial

Das gesamte DS/ID-Bauprogramm erfährt zum Modelljahr 68, im September 1967, das berühmte Restyling. Während die ID19 zum Jahr 1969 wieder aufgelegt wird, steht ihr nun die ID20 zur Seite, die in mehr als einer Hinsicht interessant ist. Sie wird tatsächlich zu einer Konkurrentin der ebenfalls neuen DS20, denn beide erhalten den gleichen Motor mit 1985 cm^3 und 90 DIN-PS. Die ID20 ist sogar wegen der Abstufung ihres mechanischen Vierganggetriebes leicht schneller als die DS20, zumindest in deren Ausführung mit hydraulischer Schaltung. Während ansonsten die Ausstattung der ID19 nahezu übernommen wird, erhält die ID20 Blinkertrompeten und C-Holm-Verkleidungen der DS. Schwierig also, zwischen DS und ID zu unterscheiden, und das wird ab Modelljahr 70 noch schwieriger, denn nun verschwindet der Name ID ganz. Genauer gesagt bekommt die gesamte Baureihe DS/ID einen neuen Taufnamen, die Autos heißen nun „D-Modelle": Aus ID19 wird DSpécial, aus ID20 DSuper, wobei übrigens die Herstellerschilder der Fahrzeug-Identitätsdaten die Autos weiterhin als ID19 und ID20 bezeichnen. Mit der neuen Typbezeichnung erhält auch der DSpécial statt des bisherigen 78-PS- den gleichen 90-PS-Motor wie der DSuper, freilich bei sehr viel einfacherer Ausstattung. Das Interieur des DSuper hingegen gleicht nun schon fast bis auf Bezugsstoffe und Seitenpolster einer DS20, die kommerziell dadurch mehr unter Druck kommt. Nach wie vor allerdings ist eine hydraulische Schaltung nur in der DS (wahlweise) zu haben. Bis September 1972 werden DSpécial und DSuper kaum geändert, dann erhält der DSuper den inzwischen auf 98 DIN-PS erstarkten Motor des DS20. Mit dem gleichzeitigen Verschwinden der DS21 zugunsten der neuen DS23 reißt eine Lücke im Angebot auf, welche Citroën mit einem interesssanten „Cocktail" schließt. Man rüstete fortan eine DSuper auch mit dem 2175 cm^3-Motor der eingestellten DS21 aus und tauft dieses Auto leicht zu verwechseln DSuper5. Anstelle des optional auch mit kurz übersetztem Fünfganggetriebe zu habendem DSuper erhält der neue DSuper5 serienmäßig das lange Fünfganggetriebe der DS. Der neue Mix erweist sich rasch als relativ gut ausgestattetes, dennoch erschwingliches, schnelles Langstreckenauto, das bei der Kundschaft sehr gut ankommt. Der DSuper5 stellt das letzte „Aufflackern" der Basis-Baureihe ID dar, bis zum Schluss erkennbar am konventionellen Bremspedal, und „stirbt" erst 1975 mit dem Ende der gesamten Baureihe.

Obwohl die Pallas-Türleisten und die C-Säulenverkleidungen auf den ersten Blick eine DS vermuten lassen, zeigen das Fehlen der weiteren Pallas-Zierleisten oben und unten an den Türen sowie die einfacheren Radkappen, dass das Typschild DSuper stimmt. Deutliche Unterschiede gibt es zu dieser Zeit nur noch im Innenraum der D-Modelle.

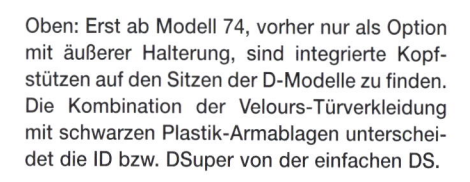

Oben: Erst ab Modell 74, vorher nur als Option mit äußerer Halterung, sind integrierte Kopfstützen auf den Sitzen der D-Modelle zu finden. Die Kombination der Velours-Türverkleidung mit schwarzen Plastik-Armablagen unterscheidet die ID bzw. DSuper von der einfachen DS.

Unten links: Ein Aschenbecher und nur teilverchromt, Pallas-DS hätten hier zwei vollverchromte.

Unten rechts: Die Instrumententafel mit drei Rundinstrumenten zeigen ab Modelljahr 70 sämtliche D-Modelle, wobei die Gesamtgestalt der dritten Armaturenbrett-Generation eher den früheren ID- als den DS-Armaturentafeln angelehnt ist.

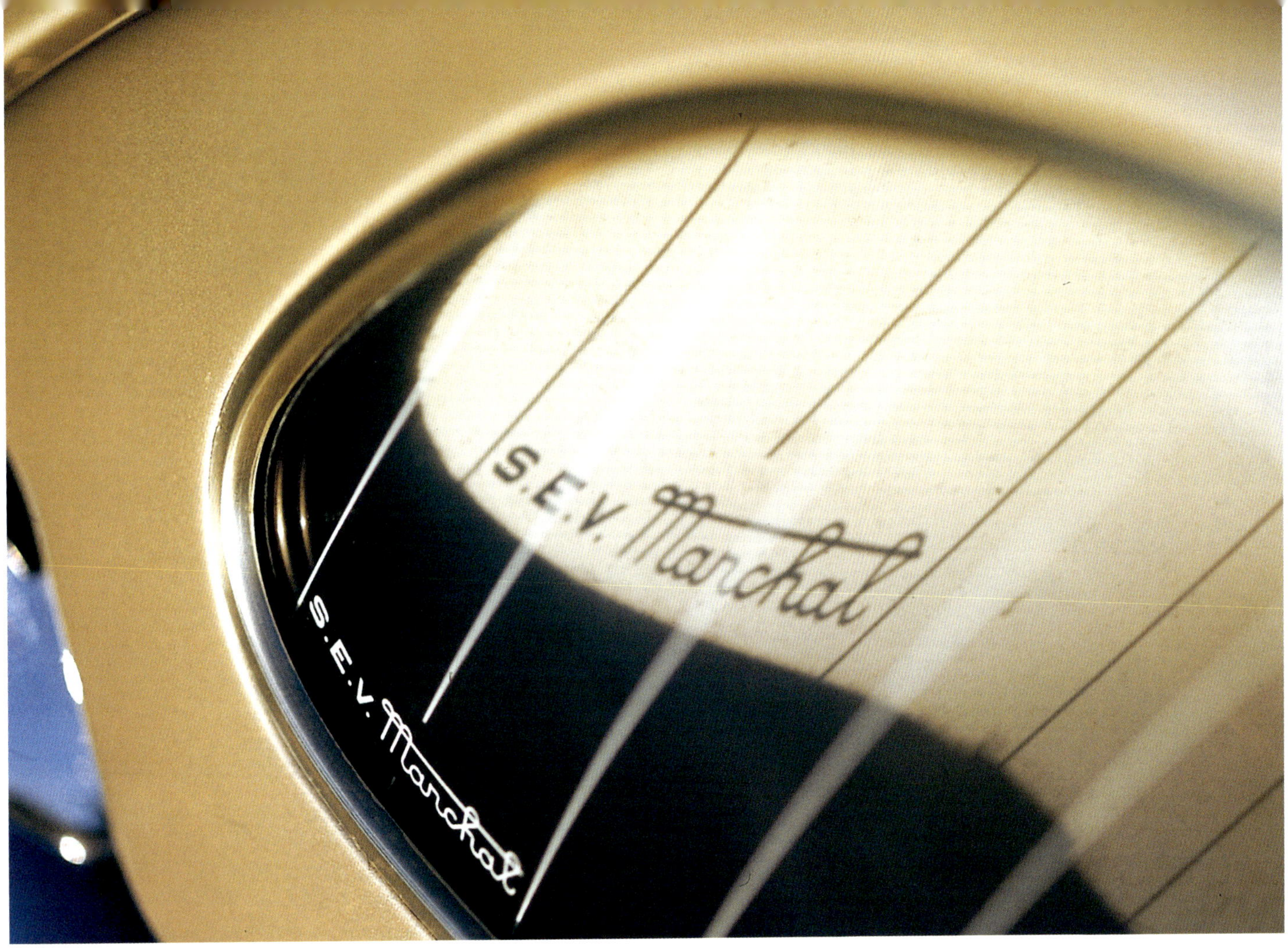
S.E.V. Marchal
S.E.V. Marchal

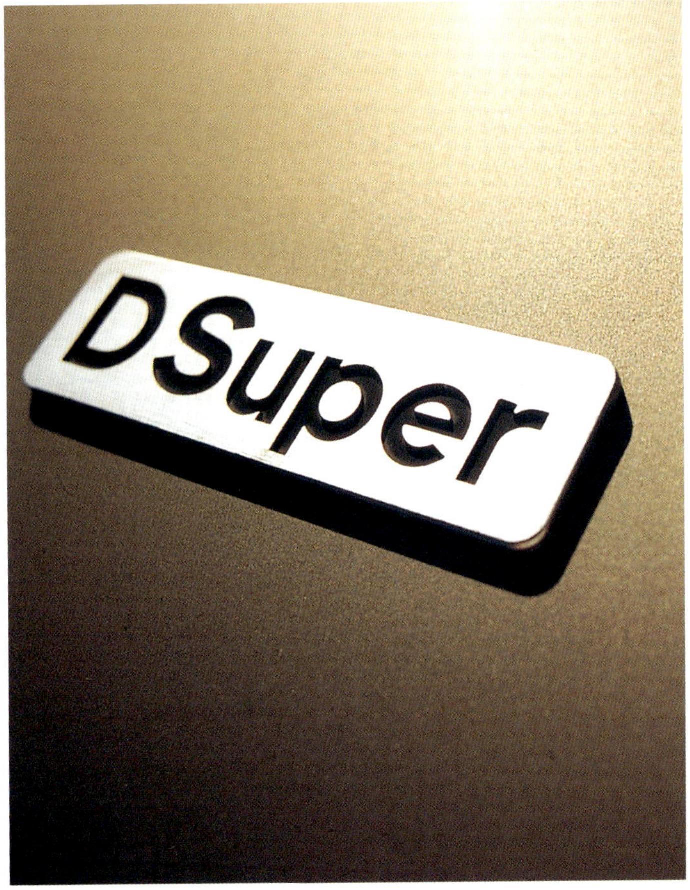
DSuper

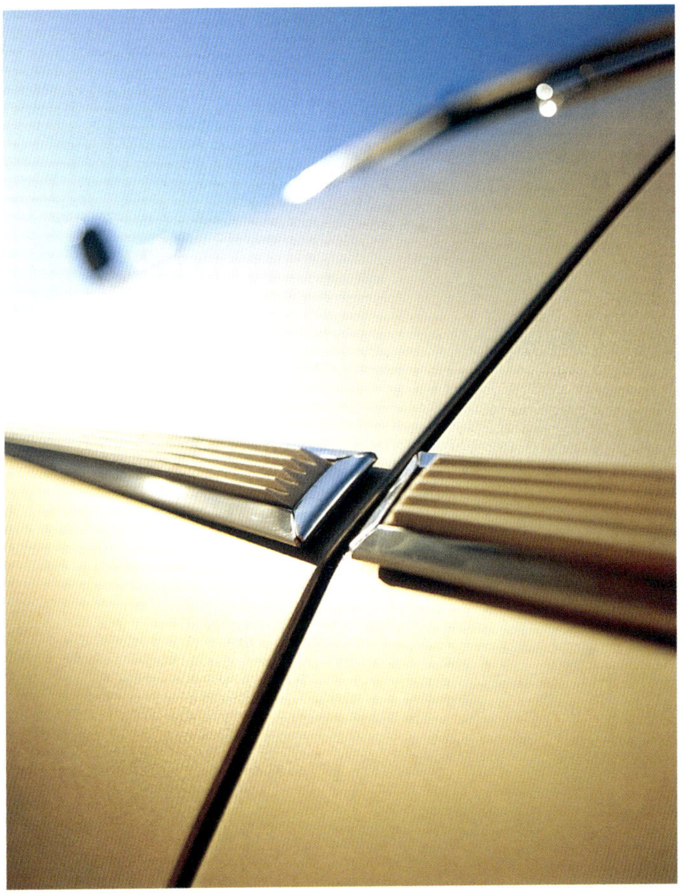

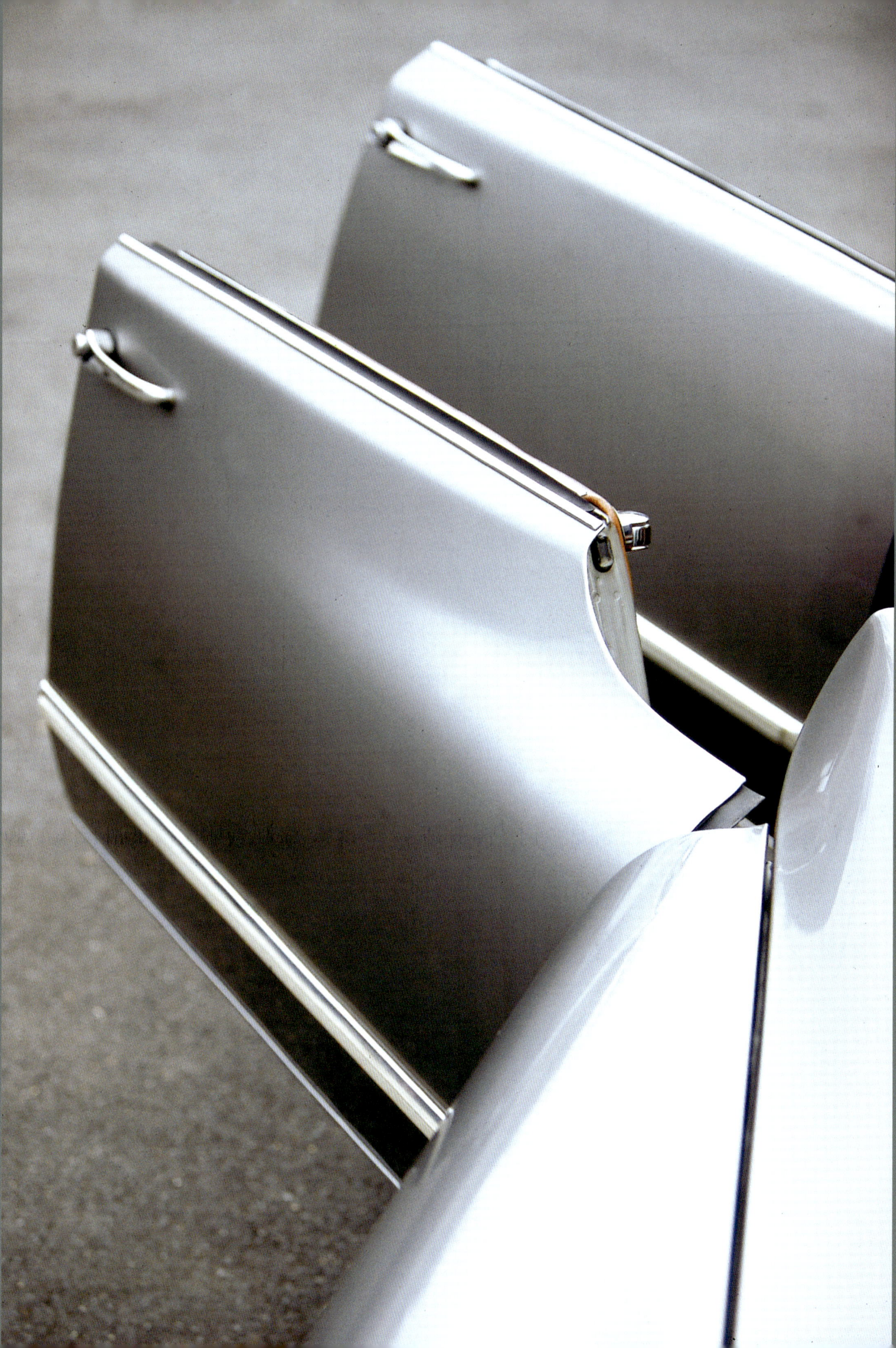

DS

DS21   1966-1972

Die DS19 ist ihrer Zeit weit voraus, manche sprechen gar von zwei Jahrzehnten. Tatsächlich ist es nicht zu leugnen, dass die DS in vielerlei Hinsicht ohne Konkurrenz dasteht. Nur in einem Punkt tritt das neue Modell eher auf der Stelle: Sein Antriebsaggregat, abgeleitet aus der betagten Traction, sichert ihm nicht die Leistungsfähigkeit, die man zurecht von einer solchen Ausnahmelimousine erwartet. Denn wenn die DS tatsächlich die Königin der Autobahnen ist, die auch in Frankreich in den 60er Jahren entstehen, dann liegt dieser Vorsprung eher an ihrer ausgefeilten Aerodynamik als an einem Überfluss an Leistung oder einer avantgardistischen Motortechnik. Citroën weiß um das Problem, wird aber zehn Jahre brauchen, um eine adäquate Lösung zu finden.

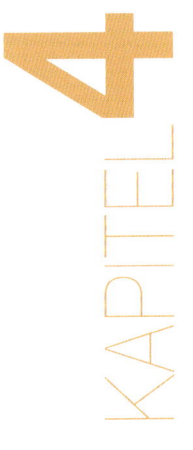

KAPITEL 4

Den Jaguar reizen

Tatsächlich bekommt die DS19 zum Modelljahr 66 (im September 1965) eine Schwester namens DS21. Die neue, nach unten gerundete Ziffer 21 rührt vom Hubraum 2175 cm³ des kurzhubigen neuen Motors (Bohrung x Hub: 90 x 85,5 mm), der zunächst 100 DIN-PS leistet. Nun beträgt die DS-Höchstgeschwindigkeit 175 km/h und liegt damit auf dem Niveau eines Mercedes 220 S oder eines Jaguar Mk2 mit 2,4 Litern, freilich ohne deren Preise zu kosten.

Die Mechanik der DS21 öffnet einen herbeigesehnten Weg, auch wenn die Fachpresse weiterhin bedauert, dass unter dieser Haube aus Kostengründen kein Sechzylinder werkelt (was die Versuchsingenieure bereits in den frühen 60er Jahren selbstverständlich ausprobierten und ohne weiteres gegangen wäre). Von der DS19 unterscheidet sich die große DS durch einige Details: Ein goldenes Emblem rechts auf der Kofferhaube gibt dem Eigner genügend Prestige auf den großen Parkplätzen. Im Inneren zeigt neben der Bremsbelagverschleißanzeige ein spezifischer Tacho erstmals auch den aktuellen Bremsweg an. Fernscheinwerfer sind Serie und statt der bisherigen zwei Hörner hupen drei, beides Zeichen für schnellere Räumung der Überholspur. Am Anfang gibt es die DS21 in Frankreich nur mit hydraulischer Schaltung, ansonsten folgt sie der bereits beschriebenen Modellentwicklung von DS19 und ID. Zum Modelljahr 69, also im Herbst 1968, erhält der DS21-Motor zeitgleich zum Erscheinen des 90 PS starken DS20 eine Leistungsanhebung auf 104 DIN-PS, gleichzeitig ist wahlweise ein mechanisches Getriebe zu ordern. Die am 7. Oktober 1969 produzierte millionste DS ist auch ein Modell 21 in der Farbe Sable Métallisé. Sie wird zum Hauptgewinn einer aufsehenerregenden Tombola, die der Radiosender Europe 1 während des Automobilsalons durchführt. Am 14. Oktober 1969 um 14 Uhr überreichen Sprecher Christian Barbier und die Sängerin Dani dem glücklichen Gewinner die Schlüssel, es handelt sich um einen 22-jährigen Studenten.

Für den Jahrgang 70 wird die Vergaserversion der DS21 durch eine wichtige Neuerung verstärkt, die DS21

Eine DS21 Pallas in dem dieser Ausführung vorbehaltenen Silberfarbton „Gris Palladium". Die eckigen Radkappen sind ebenfalls spezifisch für Pallas-Modelle, wohingegen die Zusatzscheinwerfer auch bei anderen DS geordert werden können.

injection electronique (kurz: ie) mit Benzin-Einspritzung. Als erstes Serienfahrzeug in Frankreich mit Einspritzung und nach VW Typ 3 und Mercedes 280 SE als eines der ersten in Europa mit dieser Technik erhält die DS21ie eine Bosch D-Jetronic, die ihrem Motor zu respektablen 120 DIN-PS verhilft, dem gesamten Fahrzeug zu einer Spitze von nun 187 km/h. Diese DS-Version bringt die Baureihe wieder ganz nach vorn unter den Reiselimousinen, wieder steht die DS ohne Konkurenz da. Übrigens kann man das Modell äußerlich nur durch das Signet „injection electronique" auf der Kofferhaube von der normalen DS21 unterscheiden.

Kühle Luft und Automatik

In ihrem letzten Jahr erhält die DS21 zwei wichtige Optionen hinzu: Vollautomatik und Klimaanlage, denn Citroën bietet dieses zwei Technik-Features für das Modelljahr 1972 an. Beim dritten nun zur Auswahl stehenden Getriebe handelt es sich um eine Dreigang-Automatik mit Wandler von Borg-Warner. Doch sie bringt wenigen Kunden Freude, reduziert sie doch die Höchstgeschwindigkeit um ganze 10 km/h, verlangsamt das Auto auch sonst merklich und erhöht vor allem erheblich den Verbrauch. Da kann das automatisiert kuppelnde „hydraulische" Viergang-Getriebe deutlich mehr bieten, am sportlichsten und zugleich sparsamsten freilich ist das seit Modelljahr 71 lieferbare Fünfgang-Schaltgetriebe. Betreffs der Klimaanlage hält man eine solche Option zu jener Zeit noch für den blanken Luxus, Citroën lässt sie sich folglich fürstlich bezahlen. In heißen Ländern wie Italien und USA sind daher aus dem freien Zubehörhandel nachgerüstete Klimaanlagen für die D-Modelle gang und gäbe. Die Werks-Klima-Modelle erkennt man übrigens an den Schlitzen in den Unterseiten ihrer vorderen Stoßstangen.

Im Jahr darauf, im September 1972, wird die DS21 durch die DS23 ersetzt.

Diese DS21 Pallas von 1967 vereinigt das Maximum, das die Baureihe seinerzeit zu bieten hat, vom Motor bis zur Ausstattung.

Mit dem 2.175er Motor weist die DS21 endlich eine Motorisierung auf, die ihrer aerodynamischen Form würdig ist.

Oben: Der im Profil gut sichtbare Haubengriff ist nur ein Zubehör-Zierteil, wenn auch ein häufig verbautes. Die Dachantenne dagegen stammt von Citroën.

Rechte Seite: Die Zusatzscheinwerfer zur zweiten Front sind rundlich geformt, zur ersten Front haben sie noch eine längliche Trompetenform gezeigt.

Die Option Ledersitze (hier in cognac) gehört nicht zur Pallas-Ausstattung, sondern erfordert einen erneuten Aufpreis. Serie bei den Pallas allerdings sind die Inox-Einstiegsverkleidungen und die schwelgenden, dicken Teppiche. Die DS21 erhält einen spezifischem Tacho, mit ihren 175 km/h mischt sie Mercedes und Jaguar auf.

KAPITEL **4** DS21

Rechts: Seit 1963 wird das zweifarbige, geschwungene Armaturenbrett der zweiten Generation in den DS angeboten. Es erhöht die Funktionalität und erniedrigt die Produktionskosten.

Oben: Zu den äußeren Pallas-Besonderheiten gehören die Zierleisten an den Türen und Kotflügeln, eine glatte C-Säulenverkleidung und spezifische Radkappen.

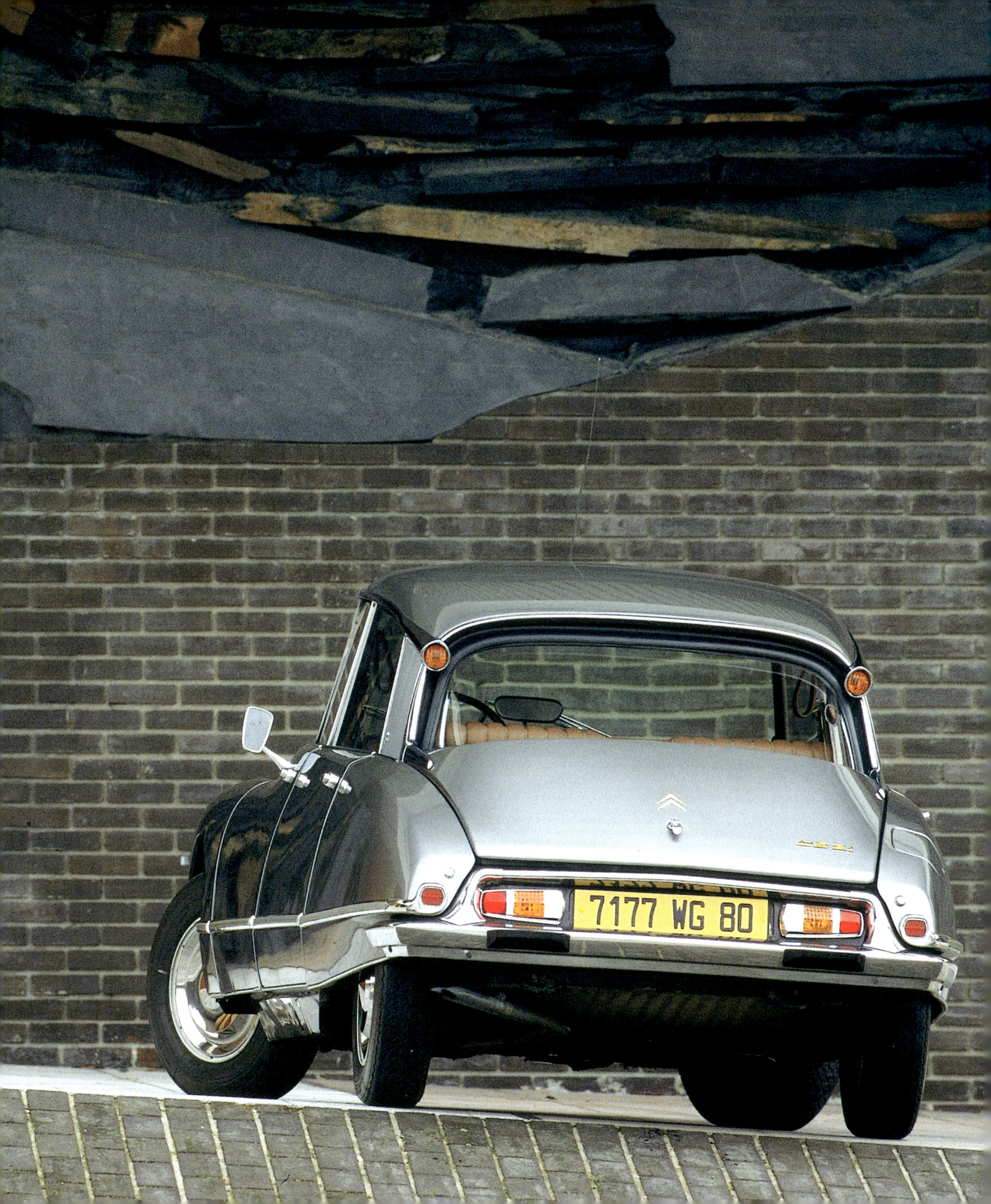
7177 WG 80

Bei den Pallas-DS sind auch die Oberteile der Türen, die sonst lackiert sind, verkleidet, hier in der Ausführung Cognac-Leder.

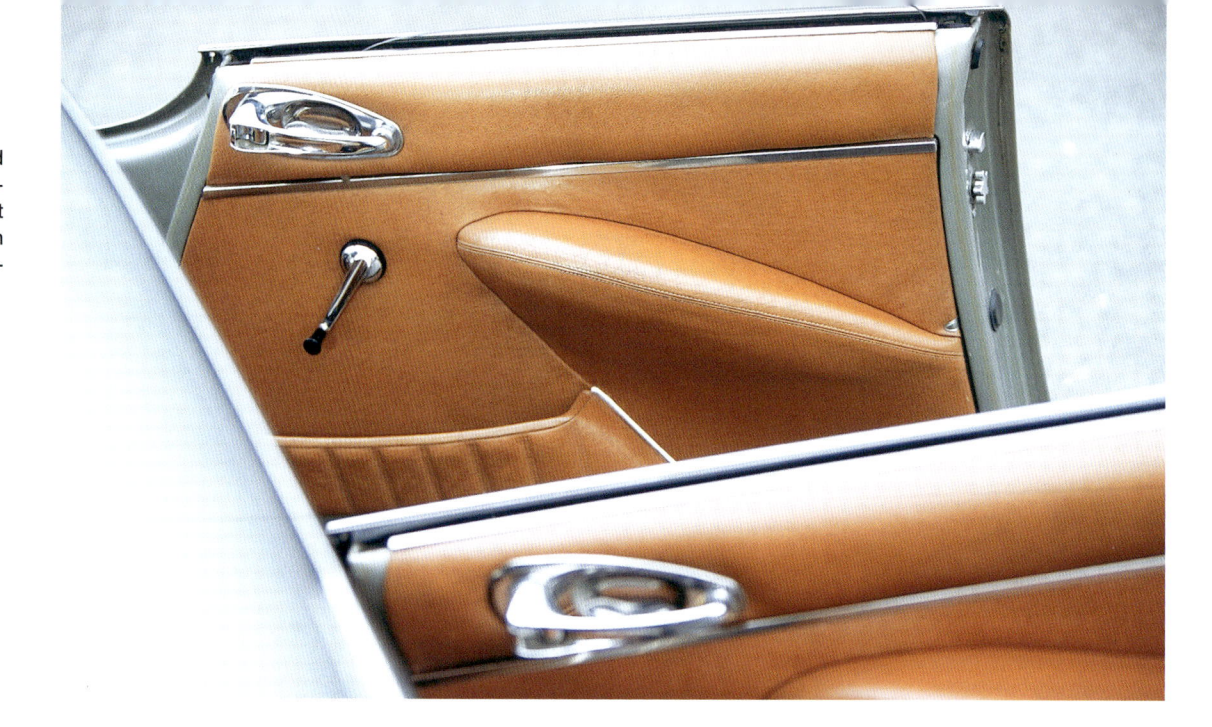

Das optionale Citroën-Radio weist den für die zweite Armaturentafel typischen Knick an der Blende auf – ein heute gesuchtes Zubehör.

Rechte Seite: Ebenfalls spezifisch Pallas: Die Seitenleuchten im Dachrand und die Halteschlaufen.

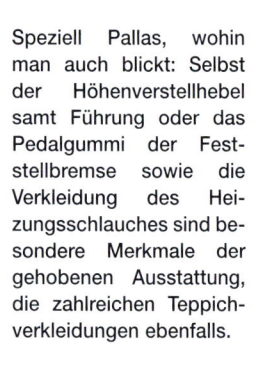

Speziell Pallas, wohin man auch blickt: Selbst der Höhenverstellhebel samt Führung oder das Pedalgummi der Feststellbremse sowie die Verkleidung des Heizungsschlauches sind besondere Merkmale der gehobenen Ausstattung, die zahlreichen Teppichverkleidungen ebenfalls.

KAPITEL **4 DS21**

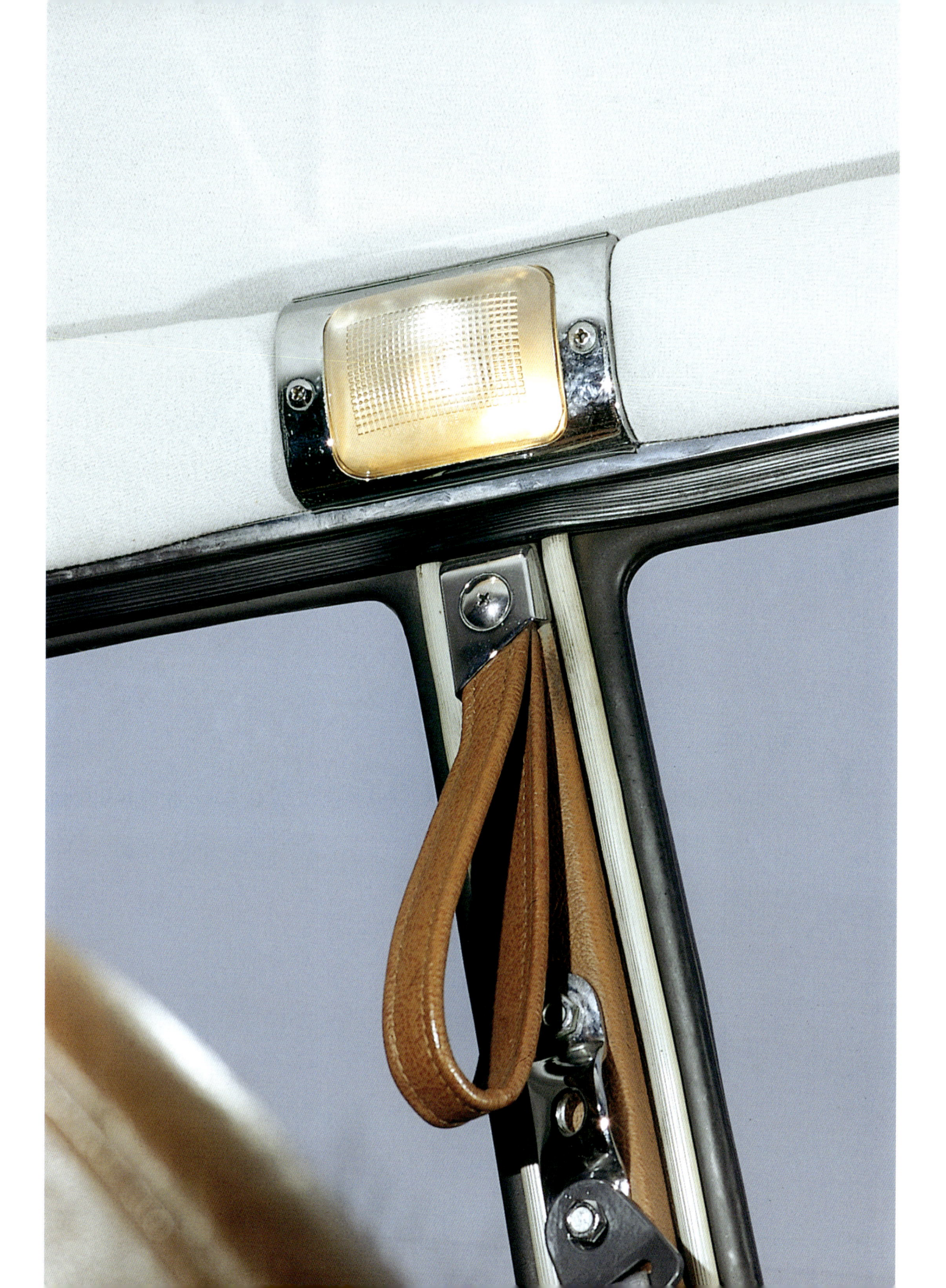

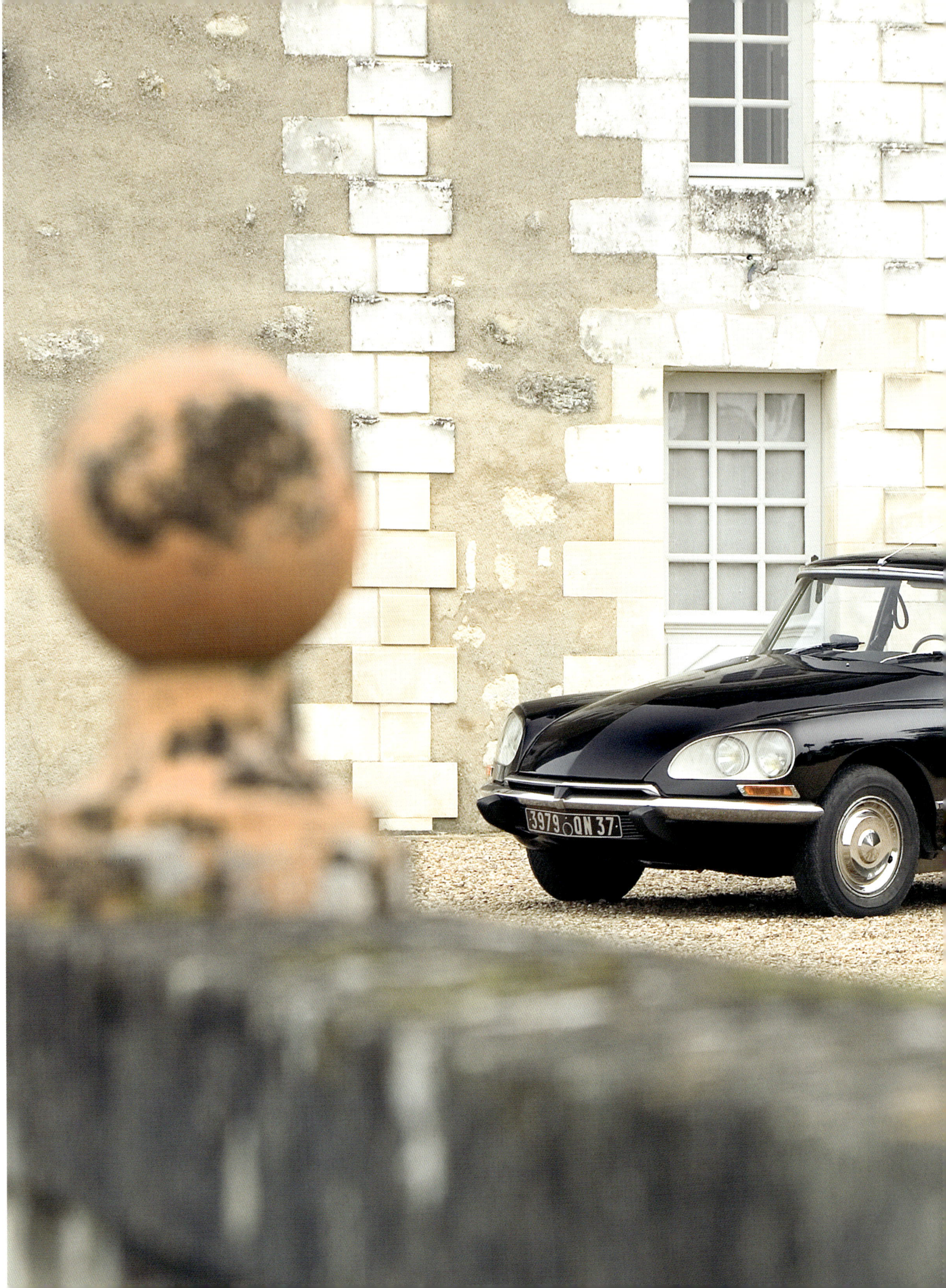
3979 QN 37

KAPITEL **4** **DS21**

Neue Kleider ab Modelljahr 68: Aus den Kotflügeln mit einem Scheinwerfer werden Doppelscheinwerfer hinter Glas.

Das spezifische Emblem der Pallas-DS am C-Holm.

Welch begrüßenswerter Zustand bei diesem 1971er Exemplar einer DS21ie.

56

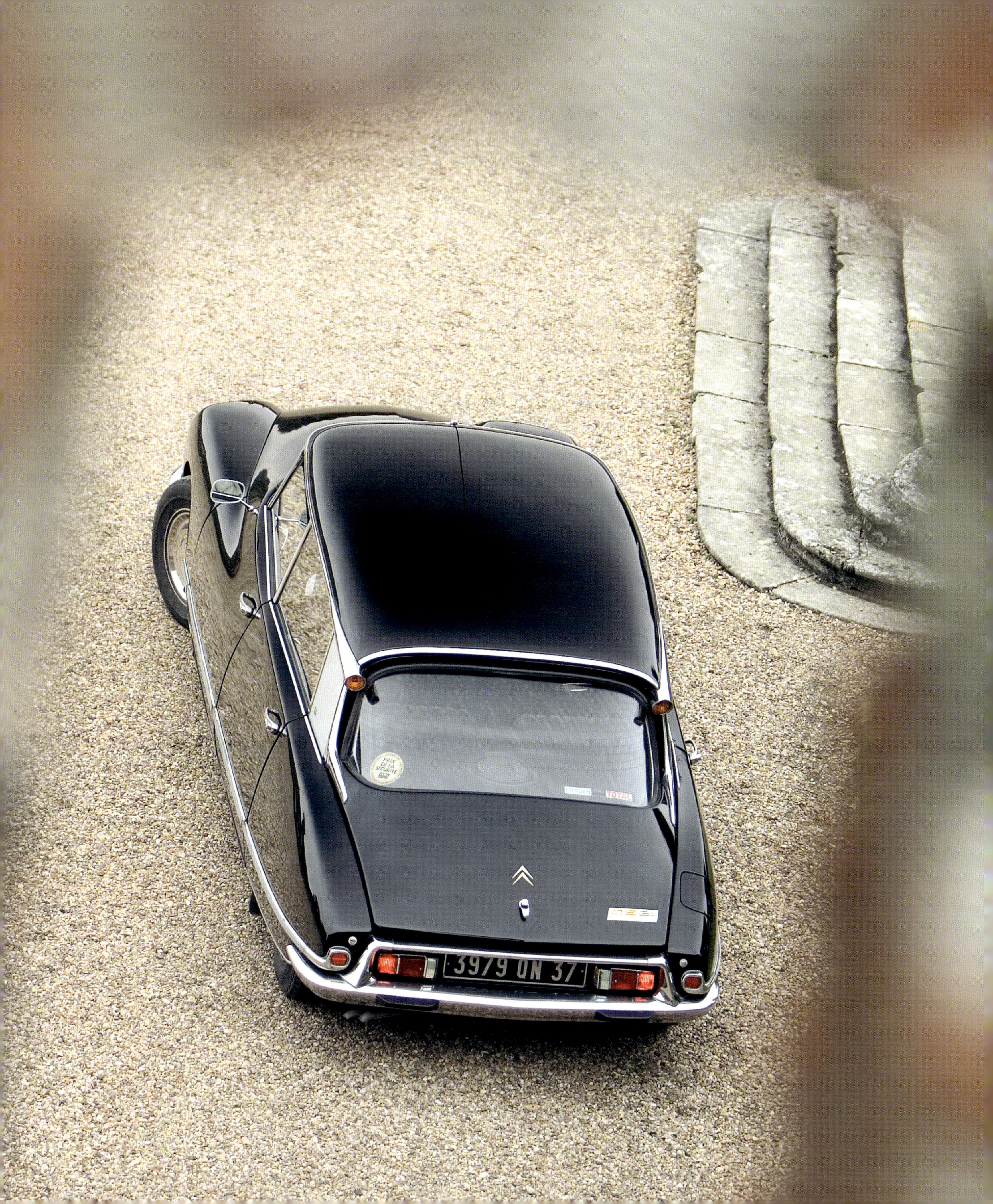
3979 QN 37

Auch wenn man es von außen kaum bemerkt, sobald der Kofferdeckel eines D-Modells geöffnet wird, erscheint ein riesiges Gepäckabteil.

Chrom, Edelstahl und Aluminium sind an den DS in üppiger Menge vorhanden, an den Palla‍ noch etwas mehr.

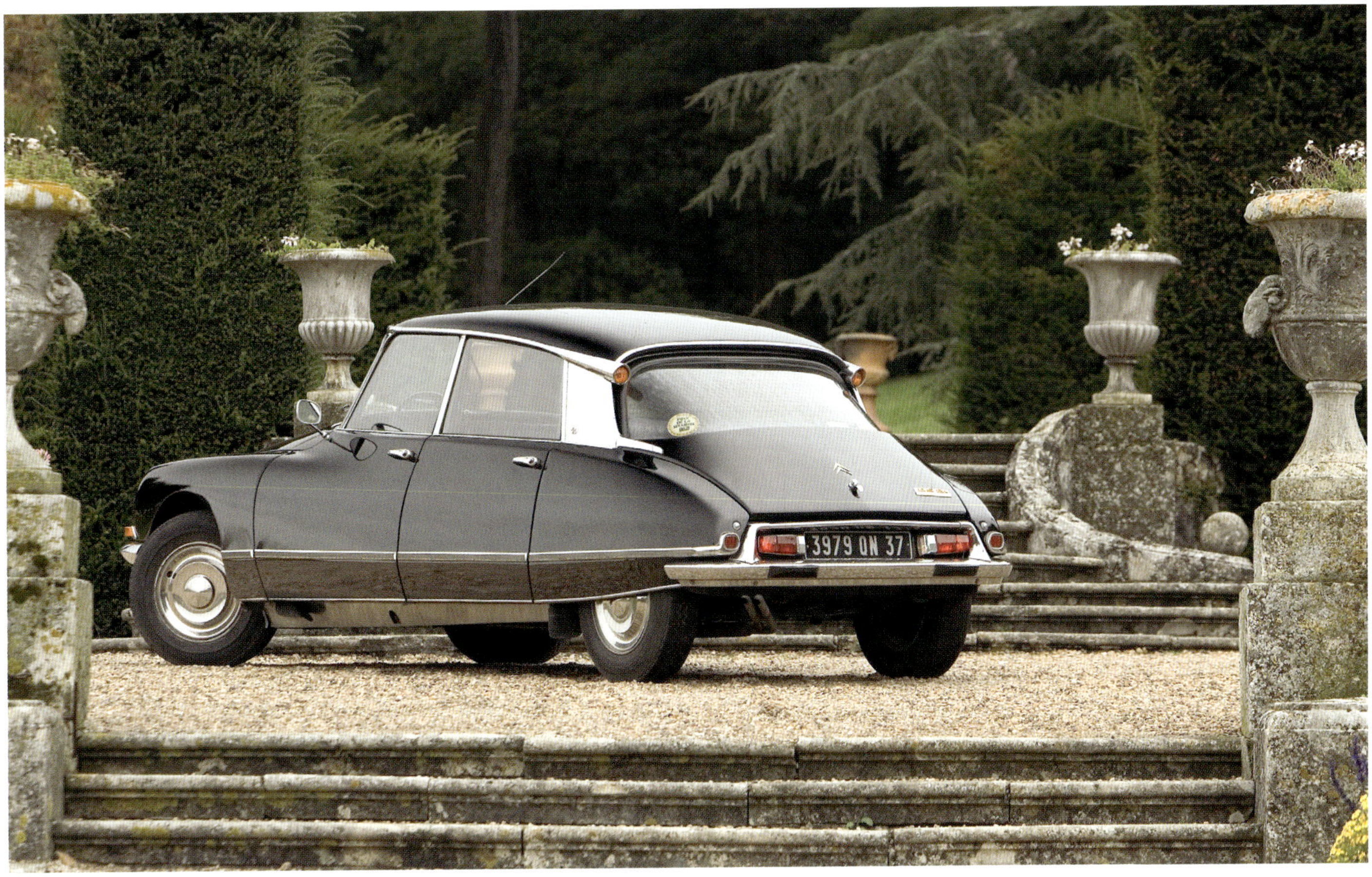
3979 QN 37

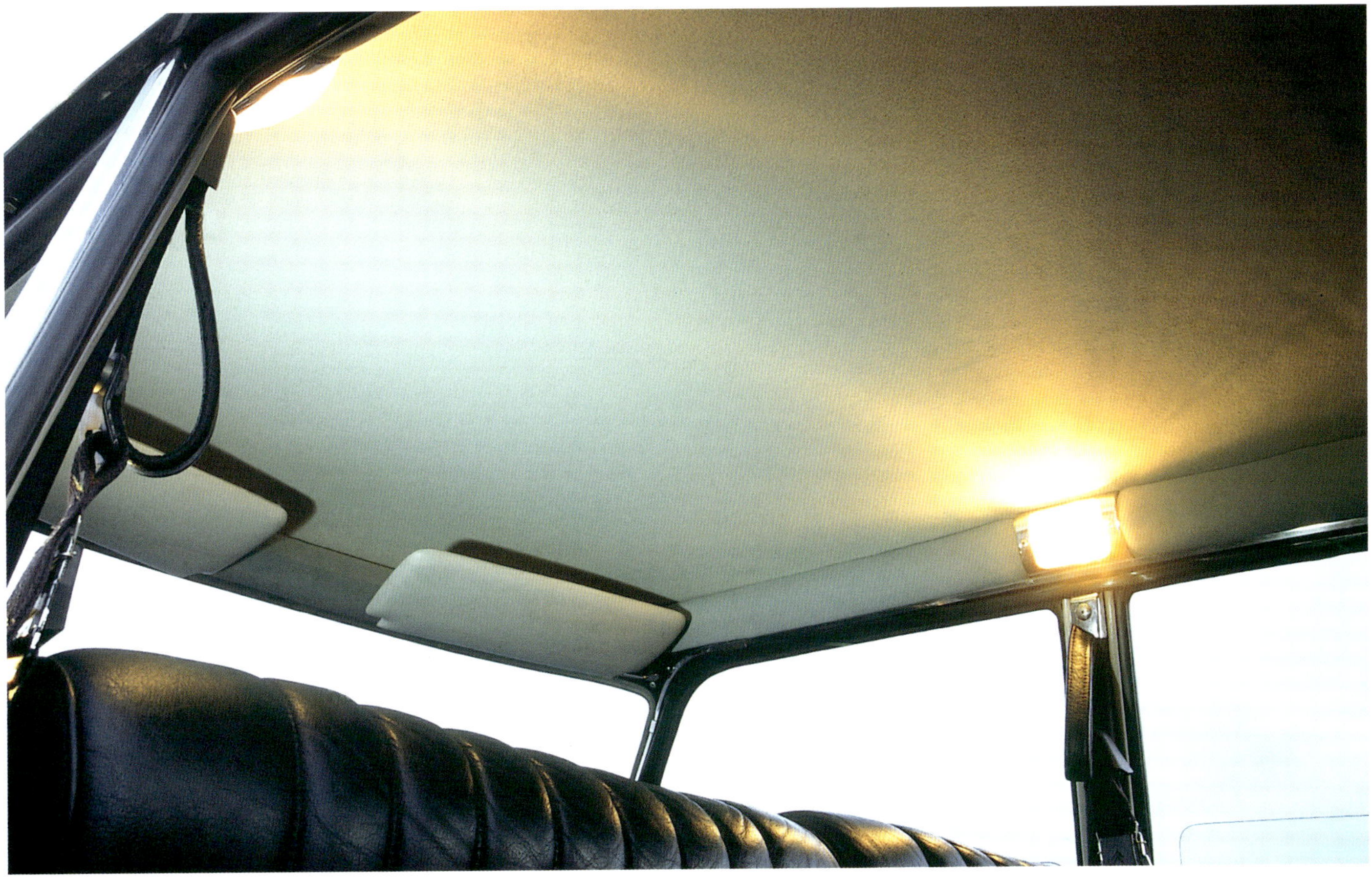

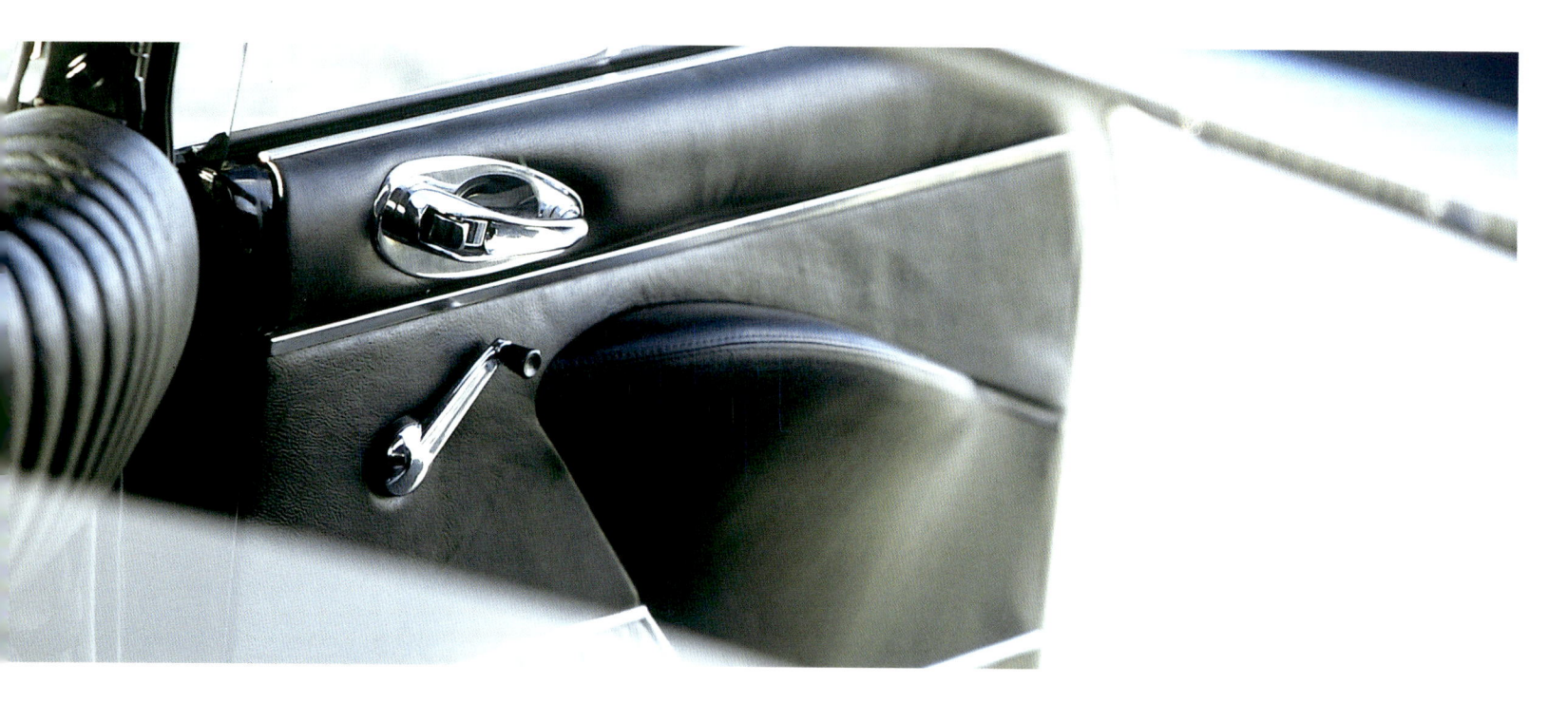

Ganz oben: In Schwarz wirkt eine Pallas-Lederausstattung besonders edel.

Oben: Ein großer Mono-Lausprecher beherrscht bei den Radiomodellen die Hutablage.

Rechts: Das berühmte rote Stopplicht inmitten der Kontrolllampen des dritten Armaturenbretts. Wenn es mit aufleuchtet, betätigt wird es bei Hydraulik- und Öldruckmangel sowie bei zu hoher Wassertemparatur, dann sollte man wirklich sofort Stopp machen.

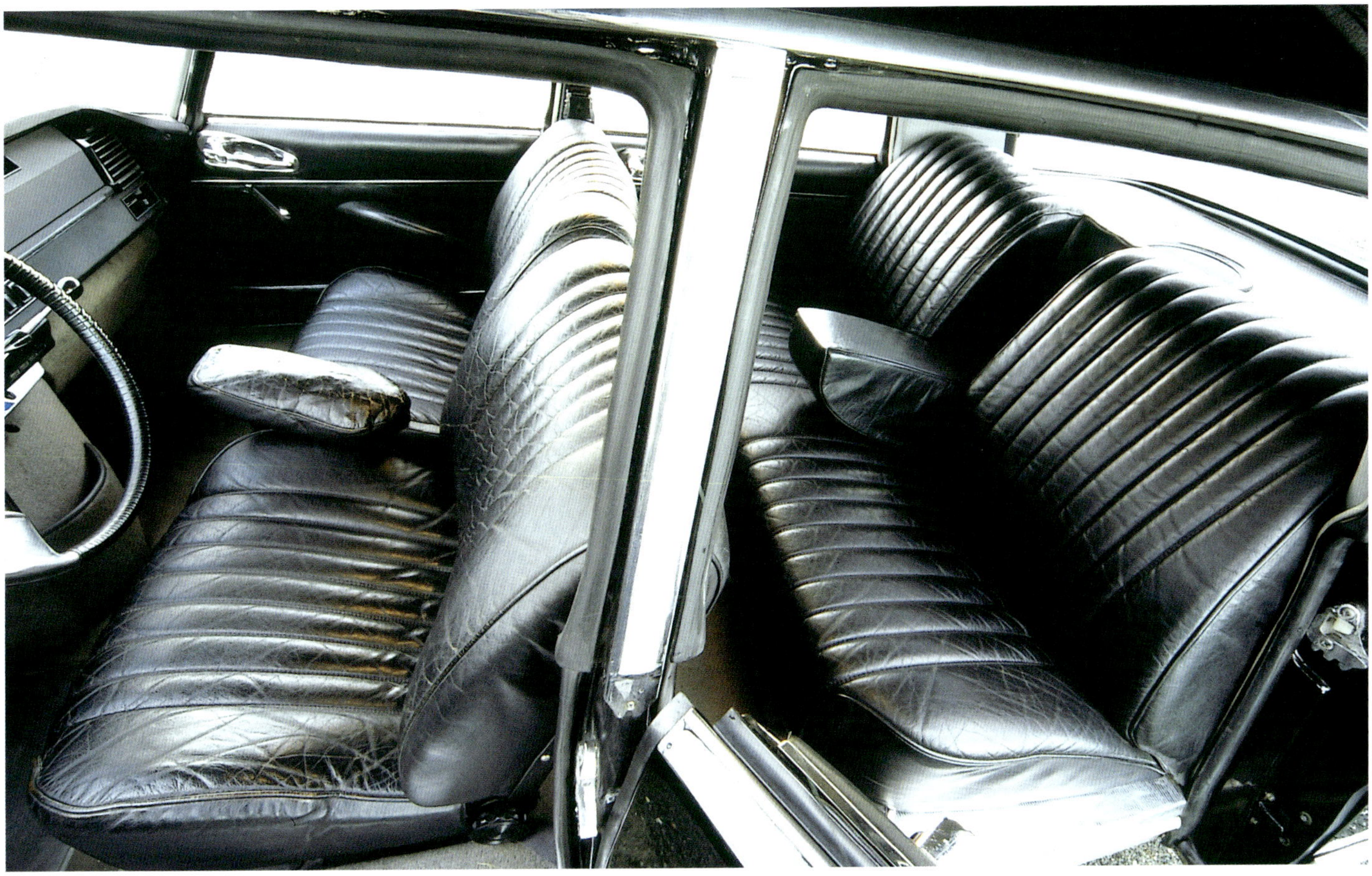

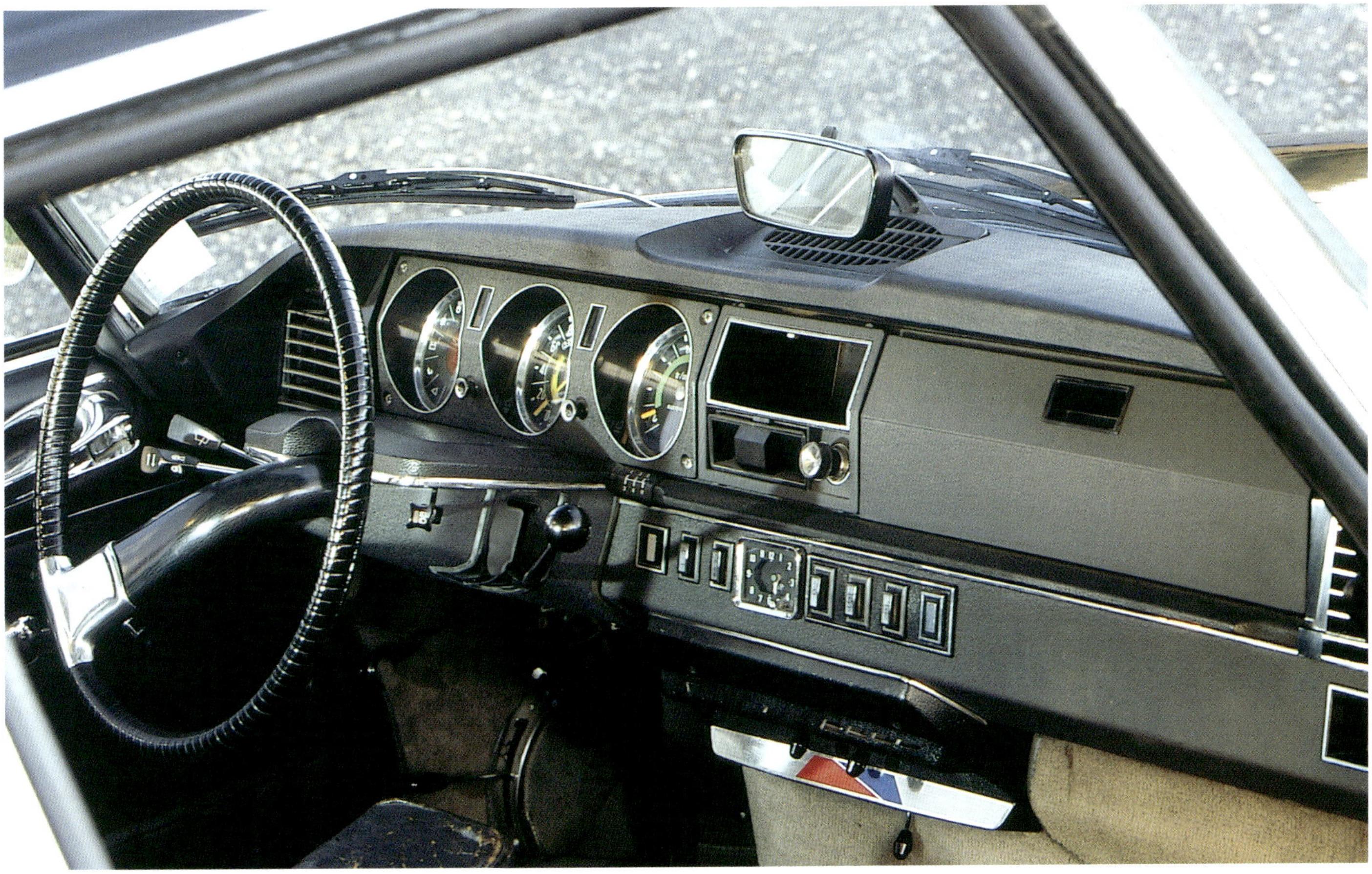

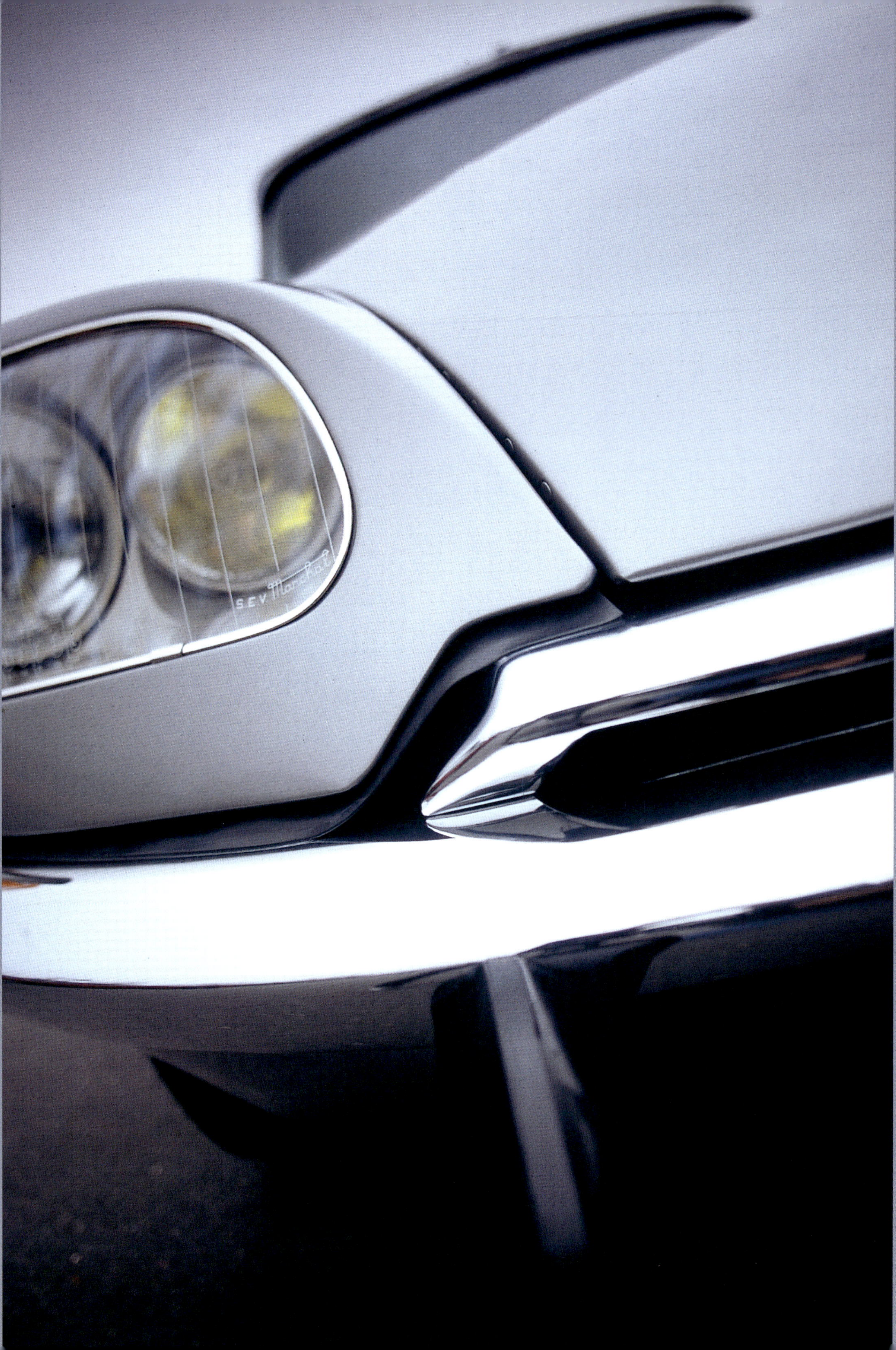
SEV Marchal

DS

23   1972–1975

Nach fast zwanzig Jahren Laufzeit hat die Konkurrenz die DS kaum eingeholt. Dennoch wünscht sich die Kundschaft Neues, langsam müde, dass man sie so oft nicht beachtet hat. Der Nachfolger der DS ist noch nicht fertig, obwohl die Presse bereits von ihm spricht. Deshalb rüstet Citroën seine Limousine, die erfolgreich wie kaum ein Auto dieser Klasse in Frankreich und Europa ist, mit neuem Kampfgeist aus: Durch Erhöhung des Hubraums wird erneut die Leistung verbessert und die Göttin DS zieht somit endgültig in den automobilen Olymp ein.

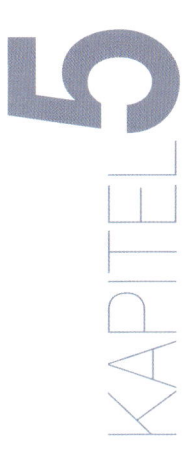

KAPITEL 5

Schwanengesang

2347 cm^3, das sollte der letzte serienmäßige Hubraum einer DS sein, derjenige der DS23. Lieferbar ab Modelljahr 73, also September 1972, wird die Über-DS als Vergaserversion mit 110 DIN-PS oder als Einspritzer mit 126 DIN-PS angeboten. Die Fahrleistungen dieser stärksten Variante sind um Längen von der ersten DS19 entfernt: knapp 190 km/h Spitze und 32 Sekunden für den Kilometer aus dem Stand. Die DS23 ist eine der sichersten und stärksten Limousinen ihrer Zeit. Bei der Kraftübertragng kann der Kunde wieder zwischen drei Getrieben wählen: Fünfgang mechanisch geschaltet, Viergang hydraulisch automatisiert geschaltet oder Dreigang-Vollautomat. Obwohl das Auto am Ende seiner Karriere angelangt ist, verkauft sich die DS23 sehr gut, nicht zuletzt weil sie nun ausgereift und fehlerfrei ist, das Fahrzeug aber immer noch eine starke Aura besitzt. Außerdem gibt es Zweifel: Was wird der Nachfolger bringen? Wird er ein genau so gutes Auto werden? Wird die DS nicht der letzte „revolutionäre" Citroën gewesen sein?

Zum Modelljahr 74 wird gerade die DS23 von Frankreichs neuen Geschwindigkeitsbegrenzungen getroffen, die nach der Ölkrise beschlossen wurden: Dort gilt seither 130 km/h auf Autobahnen. Vorbei das Prestige der schnellen Reiselimousinen! Im Herbst 1974 enthüllt Citroën den Nachfolger CX. Zunächst etwas kühl empfangen, wird das Modell doch schon bald angenommen, denn es ist nicht nur deutlich moderner, sondern noch einmal weit aerodynamischer, damit sparsamer und es hat wieder diese magische Federung namens Hydropneumatik. Am 24. April 1975 läuft im 1973 für den CX errichteten Werk Aulnay die letzte DS vom Band. Es ist die letzte von 1.330.755 in Frankreich produzierten Exemplaren, eine deltablaue DS23ie Pallas.

Dieses Kofferraum-Emblem zeigt uns, dass wir die stärkste Serien-DS mit 126 PS vor uns haben.

Mit der DS23 nimmt die Baureihe einen würdigen und erfolgreich verkauften Abschied.

Während die Kopfstützen in den letzten zwei Baujahren Serie sind, gibt es die passende Armlehne zu den Pallas-Verlourpolstern als Option.

Rechte Seite: In den letzten Baujahren steht bei den Pallas-Modellen stolz der Ausstattungsname auf den hinteren Seitenteilen.

In silbergrauer Farbe stets ein eleganter Anblick, eine Pallas-DS.

KAPITEL **5 DS23**

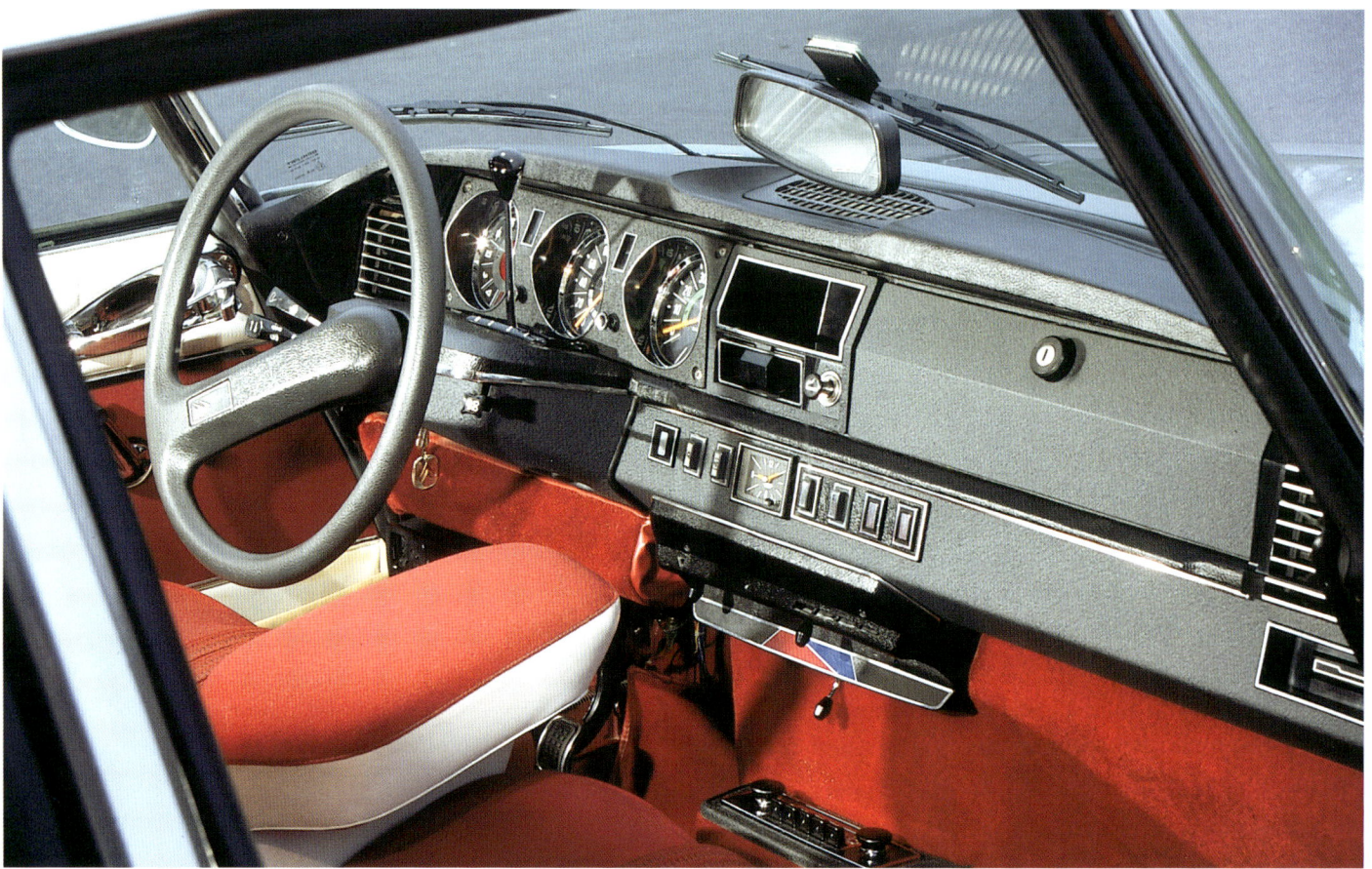

Glückwunsch dem Besitzer dieser DS23ie, bei der sich alle Details in wunderbarem Zustand zeigen

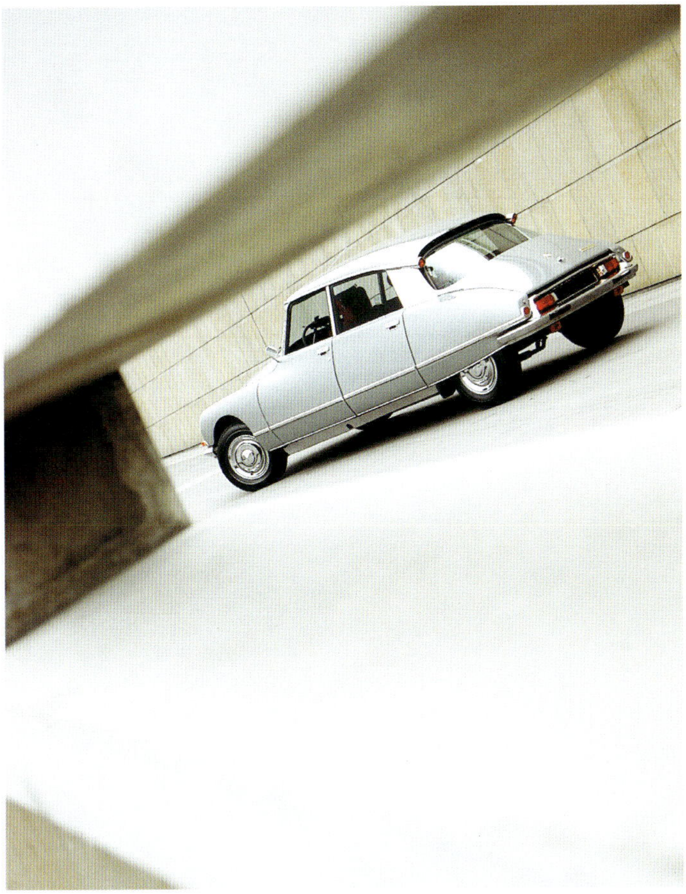

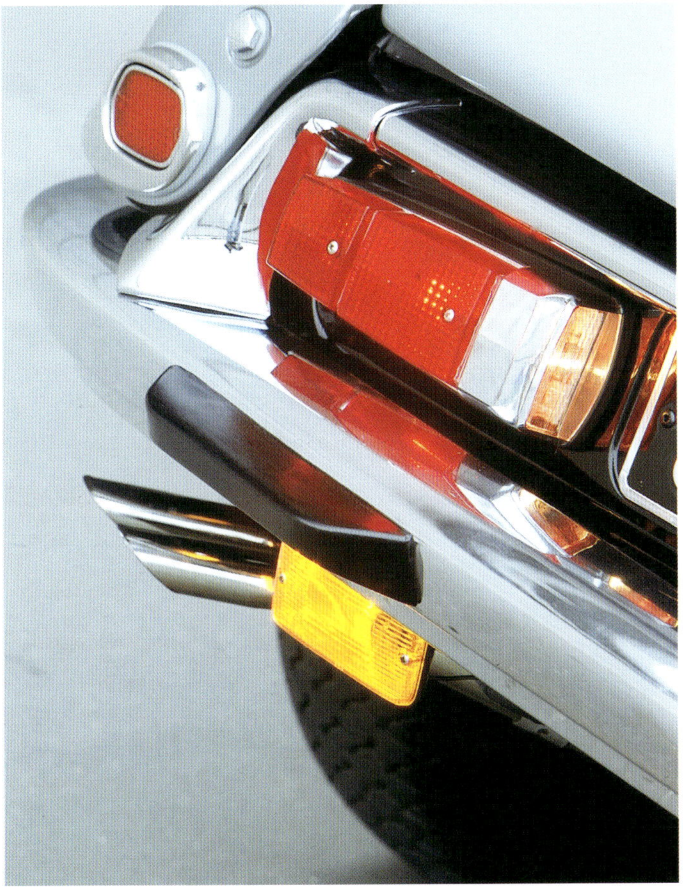

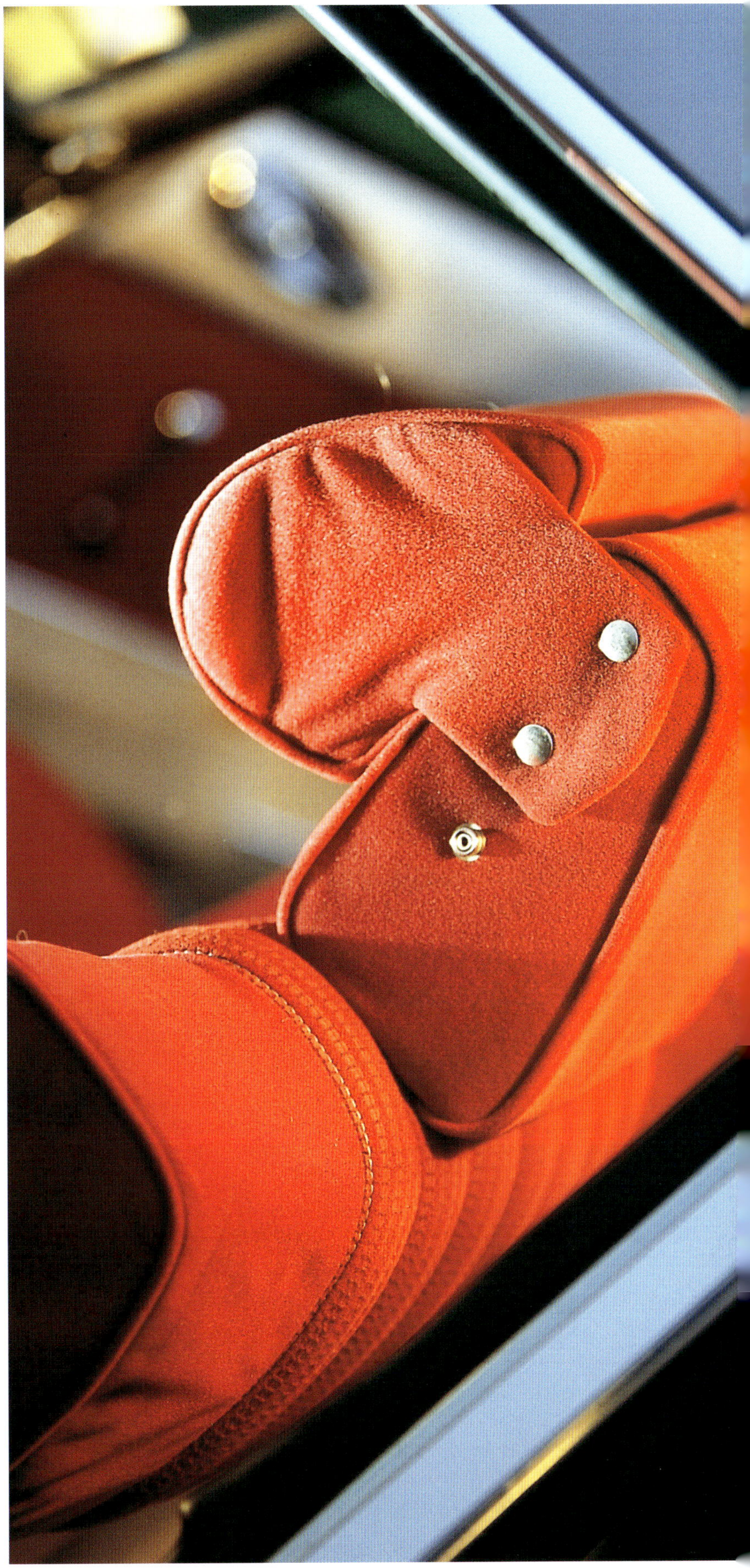

S.E.I.M.A

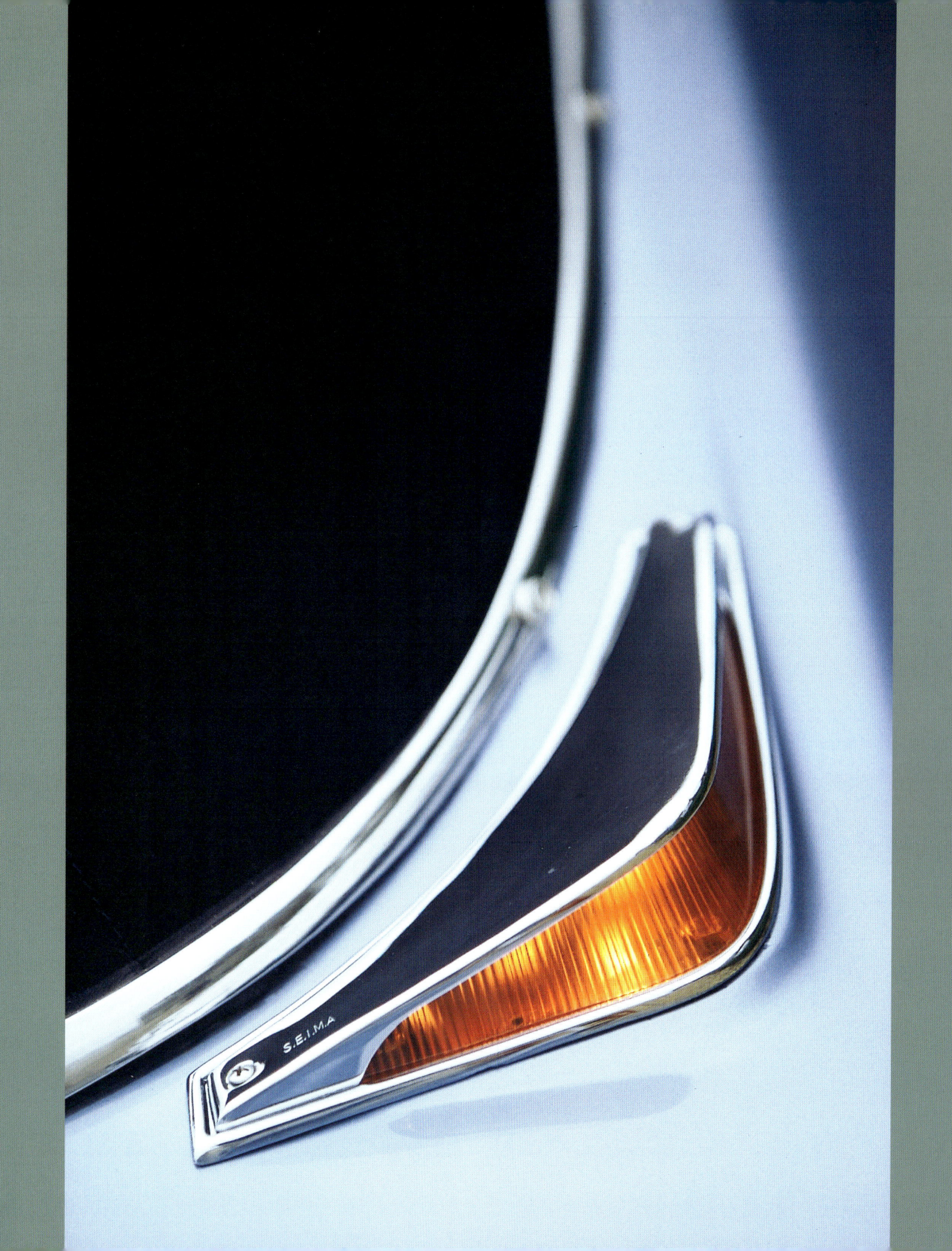

DS
Cabriolet 1961–1971

Die Idee eines Cabrios auf DS-Basis wird bei Citroën erst realisiert, nachdem einige Karosseriefirmen, allen voran Henri Chapron, sie bereits umgesetzt haben. Schon 1954 zeichnet Flaminio Bertoni allerdings selbst eine DS ohne Dach. Durch die nicht gerade einfache Markteinführung der Limousine in Anspruch genommen hatte der Hersteller dieses Projekt jedoch zunächst verschoben. Sobald es möglich ist, beginnt man auch bei Citroën, die berühmte Limousine „aufzuschneiden".

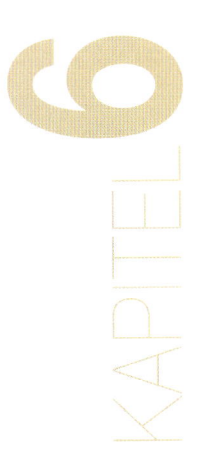

KAPITEL 6

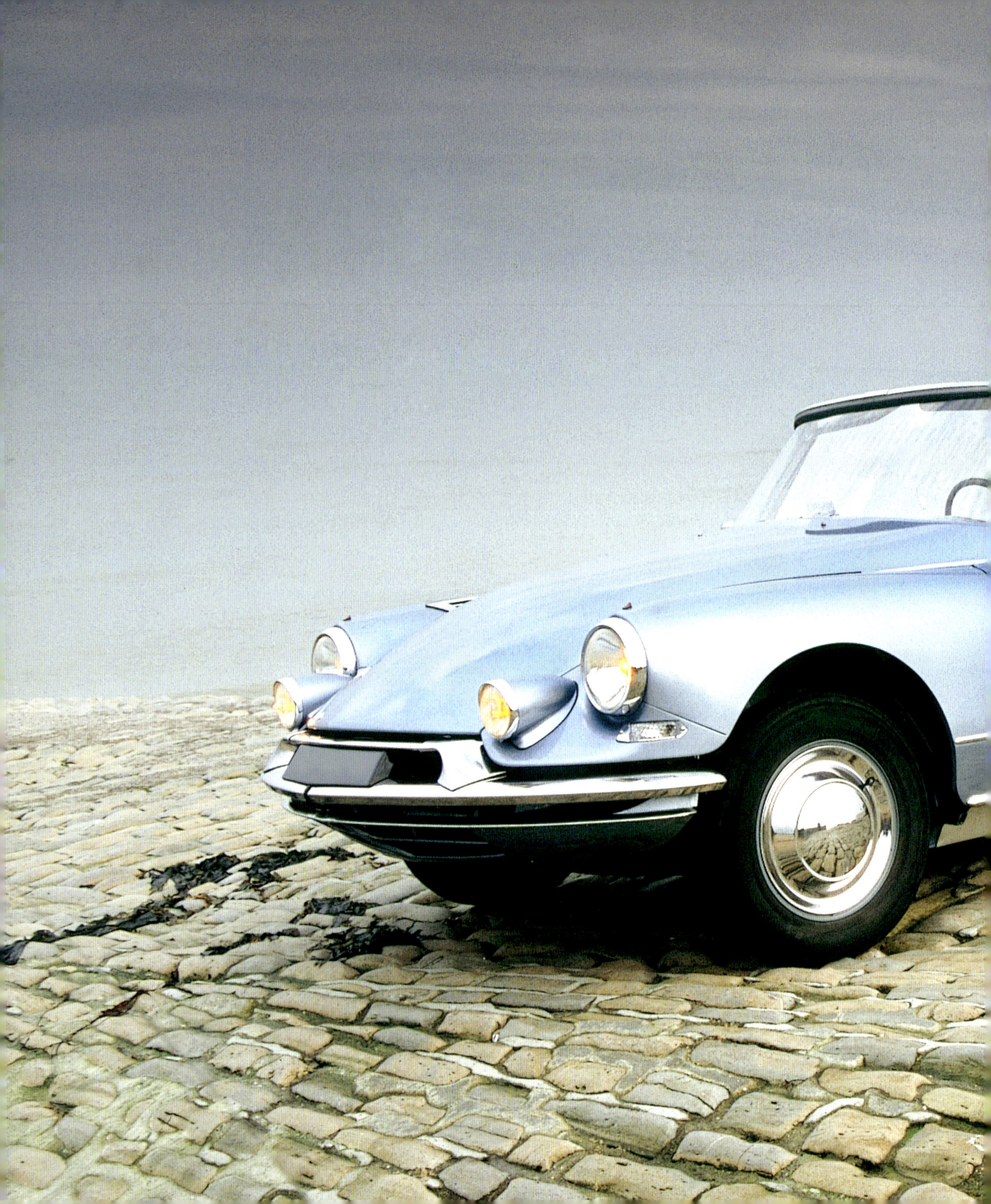

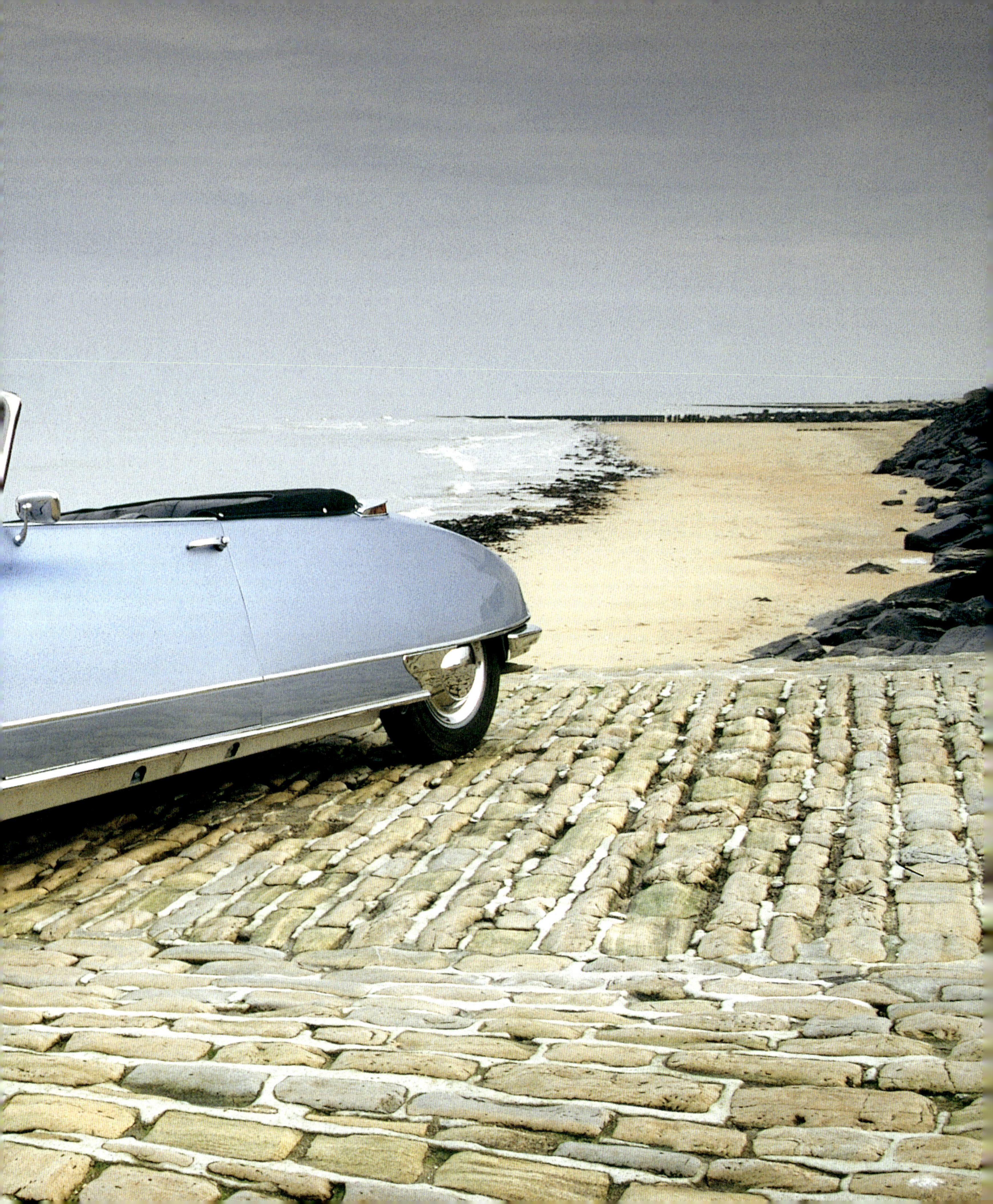

Werks-Cabrio

Ende 1956 kontaktiert Citroën den renommierten Carrossier Henri Chapron in Levallois, der die Festigkeit eines DS Cabriolets prüfen sollte. Chapron und Citroën arbeiten seit den Tagen der Traction eng zusammen und aus seinen Werkstätten kommt die berühmte Sonder-15CV des französischen Präsidenten. Nach einigen Konsultationen ordert Citroën 1959 den Prototyp eines 2+2 Cabrio bei Chapron. Anders als vielleicht erwartet, basiert dieses Cabriolet nicht auf dem von Chapron entwickelten, sehr eigenwilligen DS-Cabrio La Croisette, vielmehr liegt dem Wagen ein hundertprozentiger Citroën-Entwurf zugrunde, genauer gesagt einer von Flaminio Bertoni. Um so besser: Der Stil des DS-Cabriolets, das man später „Werks-Cabrio" nennen wird, ist weitaus puristischer als die eigenen Modelle des Carrossiers. Die Direktion am Quai de Javel scheint vollkommen zufrieden und gibt den Auftrag für eine „Serienfertigung". Tatsächlich ist durch den elitären Charakter (und Preis) des Wagens eine industrielle Massenfertigung nicht ökonomisch. Daher überträgt Citroën auch die Fertigung der Werks-Cabriolets an Chapron.

Der Riese Citroën hat einige Schwierigkeiten, sich an die handwerklichen Gegebenheiten eines Karosseriebetriebes anzupassen. In den ersten drei Jahren werden komplett fertige Automobile, so wie sie sonst zum Händler gehen, an Chapron geliefert, wo diese wieder größtenteils demontiert werden und viele Teile im Müll landen. Es soll bis 1964 dauern und ist dem Einsatz des engagierten Chefredakteurs der Fachzeitschrift RTA (Revue Technique Automobile), Roger Brioult, zu verdanken, dass Chapron fürderhin nur noch vormontierte Karosserien geliefert bekommt, bei denen einzig der Vorderbau bereits fertig beplankt ist. Unterstützt wird die Umstellung vom umtriebigen Kommunikationsdirektor Jacques Wolgensinger.

Linke Seite: Bei Chapron wird das Seriencabrio produziert. Es erhält die runden Rücklichter der US-Ausführungen.

Oben: Auch mit geschlossenem Verdeck ein eleganter Anblick.

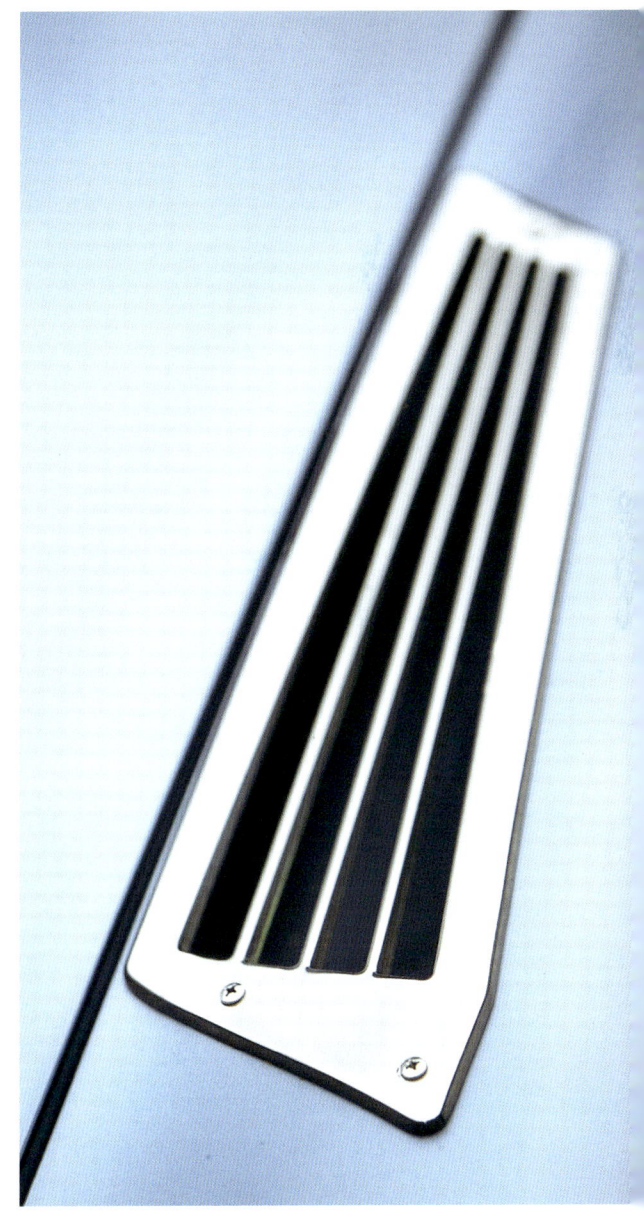

Details der frühen Baujahre (60-62): Erste Armaturentafel und „Aschenbecher"-Kotflügel.

75

Kurze Karriere

Am 31. August 1960 wird das Werks-Cabrio der DS am traditionellen Präsentationsort in Paris, dem Schlösschen Pré-Catelan im Bois de Boulogne, der Presse vorgestellt. Natürlich weicht die Karosserie des Autos in vielen Details von der Limousine ab, doch da es sich um den neuen Jahrgang 61 handelt, zeigen auch die offenen Versionen die neuen Lüftungsgitter in den Kotflügeln, die so genannten „Aschenbecher". Nur dass sie bei den ersten Cabrios in Wagenfarbe lackiert statt verchromt waren. Als Rücklichter fungieren zweimal zwei einzelne Rundleuchten der Amerika-Versionen und die Polster haben eigene Muster und Materialien.

Lange bevor Leder in die DS-Limousinen einzieht, kann man es als Chapron-Kunde, und das ist jeder Cabrio-Besteller, in diversen Farben ordern. Die Auslieferung der Cabrios beginnt nicht vor Mitte Februar 1961, als auch ein ID-Cabrio vorgestellt wird. Es muss eigentlich als ein DS-Cabrio mit mechanischer Schaltung bezeichnet werden, derart ähnlich ist die gehobenen Ausstattung der beiden Versionen. Sobald im Modelljahr 64 eine reguläre DS mit mechanischer Schaltung zu haben ist, verschwindet bald darauf auch die wenig verbreitete offene ID.

Im Übrigen macht das Serien-Cabrio alle Modifikationen der Limousine mit, wie zum Beispiel die markanten Frontwechsel zu den Modelljahren 63 und 68, erhält jeweils die höchste Motorisierung und jede erdenkliche Option, und zwar bis zum Jahr 1971.

Zu diesem Zeitpunkt wird das Werks-Cabrio aus dem Katalog gestrichen. Dennoch fertigt Chapron auf Kundenwunsch (und sehr viel teurer) nicht nur Cabrios und Coupés eigener Entwürfe an, sondern bietet auch noch die Linie des Werks-Cabrios, zum letzten Mal sogar zwei Jahre nach Ende der Baureihe im Jahr 1977 realisiert.

Das Cabriolet unterscheidet sich in vielen Schmuckdetails von der Limousine, insbesondere natürlich durch den geänderten Kofferraumdeckel.

Während sich Chapron mit der Fertigung des Seriencabrios beschäftigt, obliegt seinem Karosseriebetrieb dessen Gestaltung nicht. Sie stammt zu 100 Prozent von Citroëns Designer Bertoni.

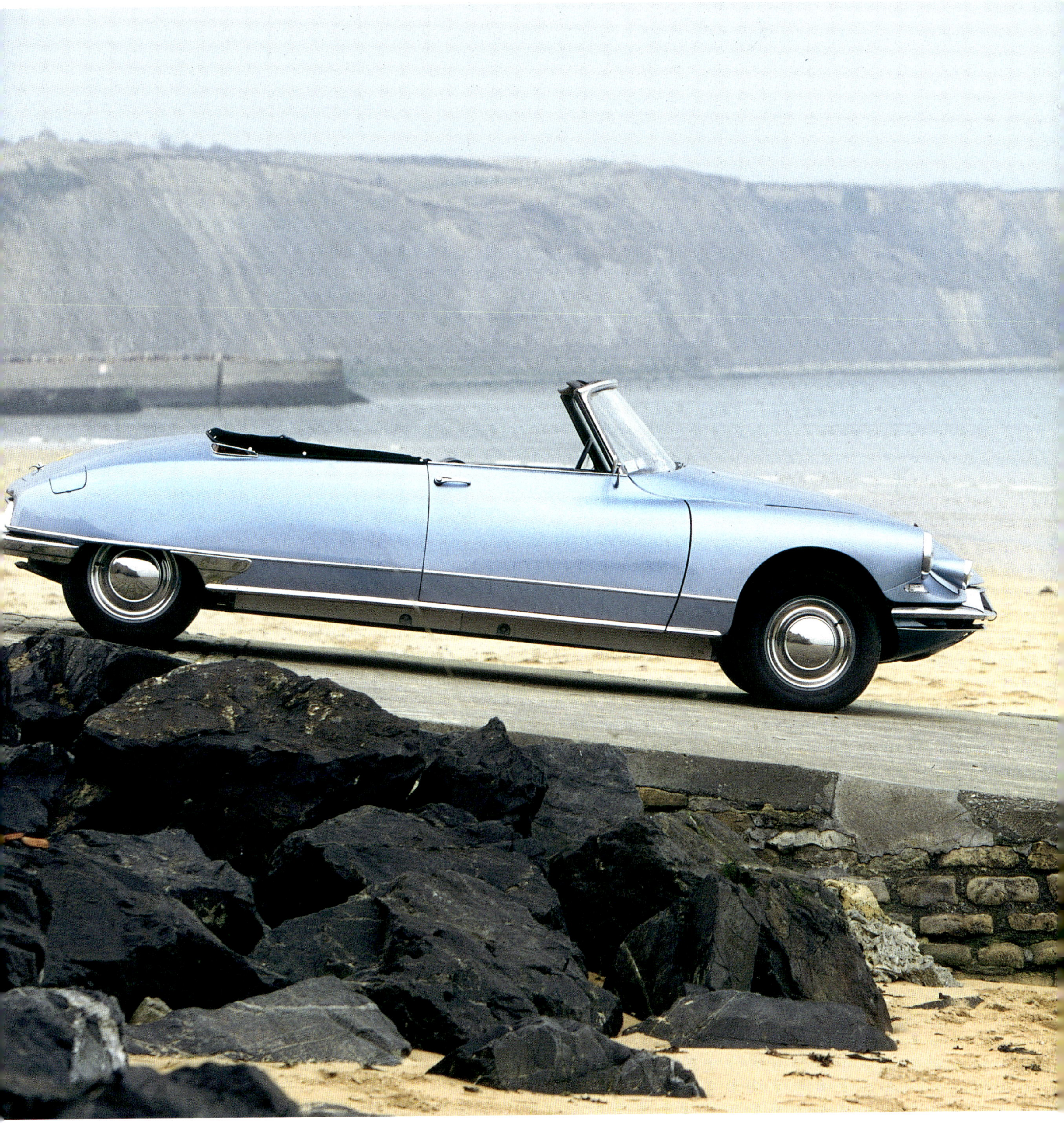

Auch mit der neuen 68er Front verliert das Werks-Cabrio nichts von seiner Eleganz, im Gegenteil...

Dieses Cabriolet besitzt eine bei Chapron eingebaute Klimaanlage von Chausson, was die Luftschlitze in der vorderen Schürze erklärt.

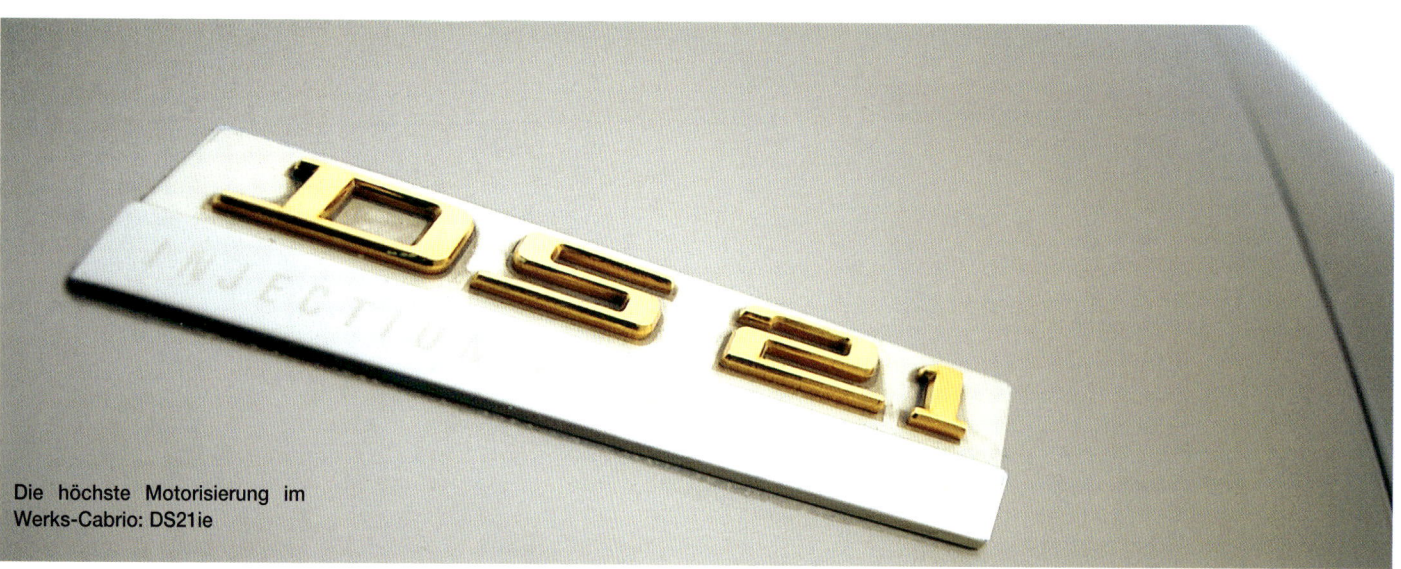

Die höchste Motorisierung im Werks-Cabrio: DS21ie

Chromverzierungen von Chapron und optionales Radio.

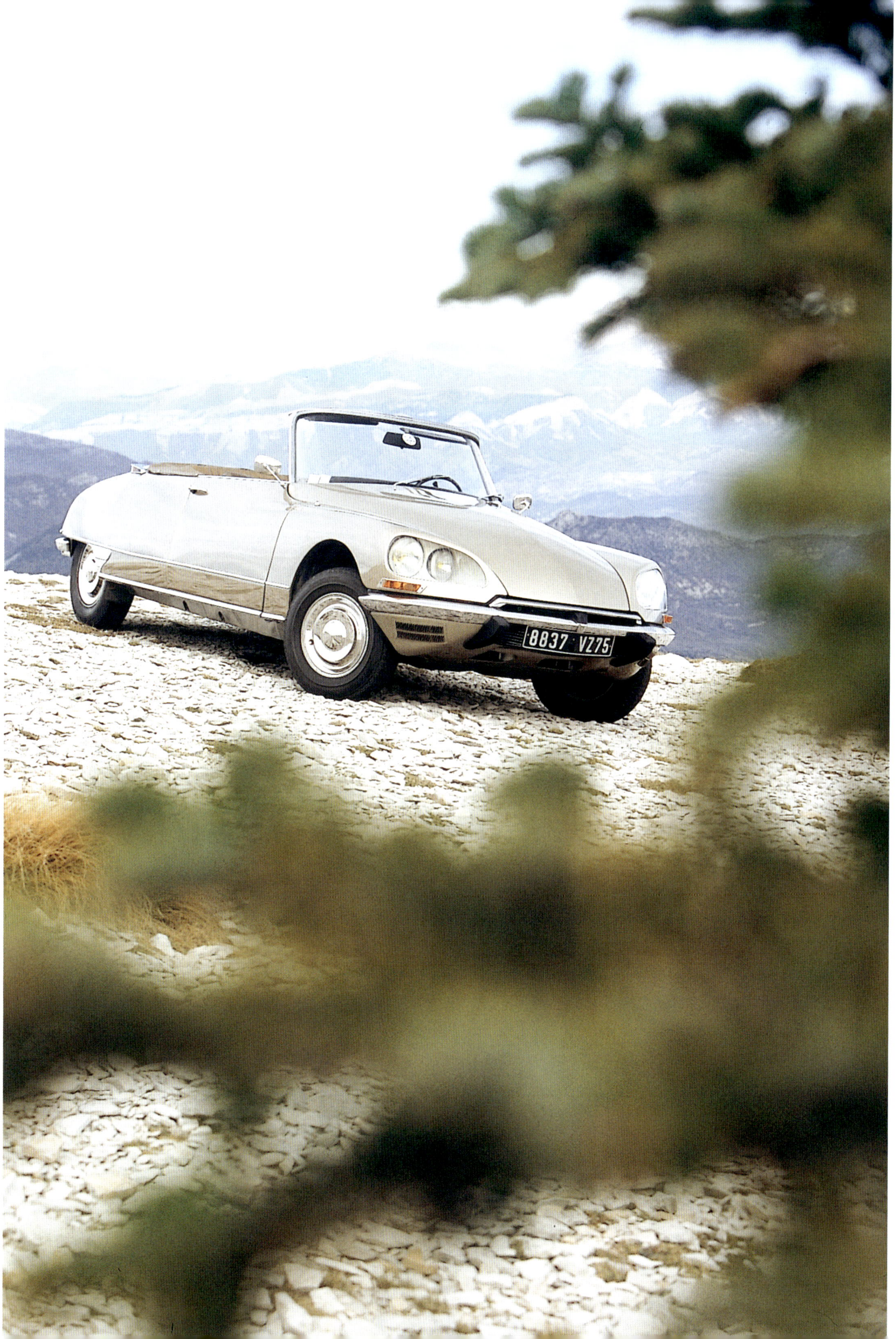
8837 VZ75

KAPITEL **6** DS Cabriolet

83

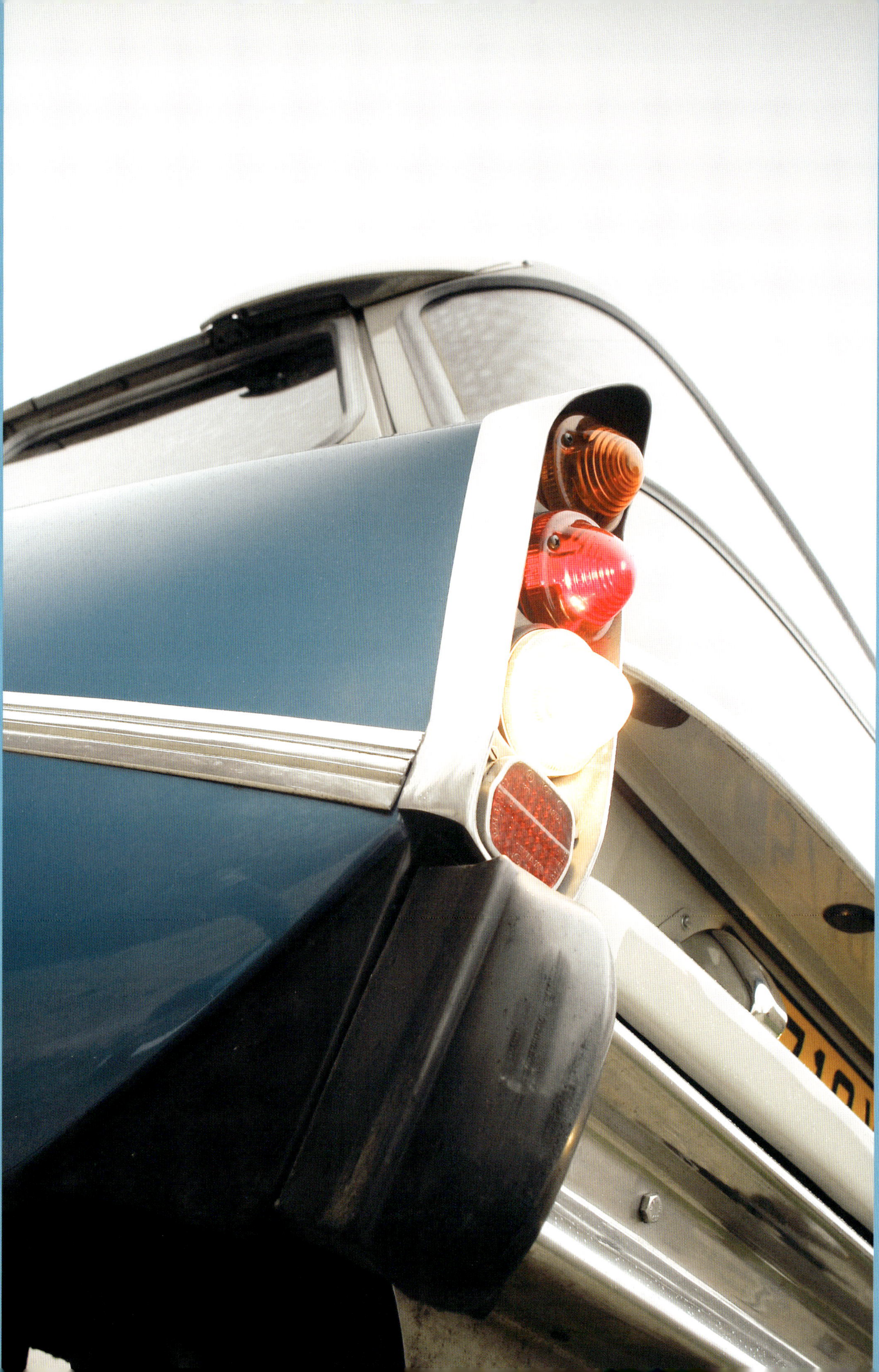

ID

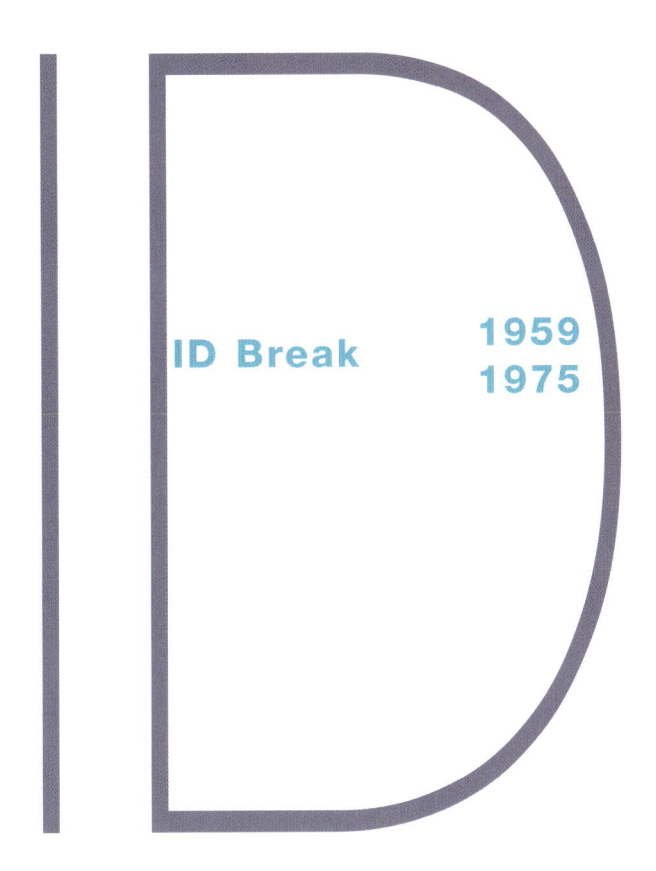

ID Break **1959**
1975

Als Pierre Franchiset im Herbst 1957 den Automobilsalon von Paris besucht, kommt ihm eine Erkenntnis: Die Kombiversion der Modellreihe ID/DS soll kein simples Nutzfahrzeug werden, wie es die meisten Konkurrenten anbieten, zum Beispiel Peugeot mit dem 403 und allen voran Renault mit der Frégate. Vielmehr soll sich der Citroën mit Heckklappe am amerikanischen „station-wagon" orientieren: Komfortabel, gleich schnell wie die Limousinen, genauso gut ausgestattet wie jene, mit vier Türen versehen, stellen diese Wagen wirklich eine wichtige Neuerung dar, besonders für vielköpfige Familien. In Frankreich erinnert zu diesem Zeitpunkt ein einziger Break – mit diesem angelsächsischen Begriff (ausgesprochen: „Breck") bezeichnen die Franzosen die neue Gattung der Nutzfahrzeuge – an das amerikanische Vorbild, nur er teilt annähernd das Lastenheft, das Franchiset auch für den künftigen Citroën plant: der Simca Marly mit Ford V8-Motor. Doch wer ist eigentlich Pierre Franchiset?

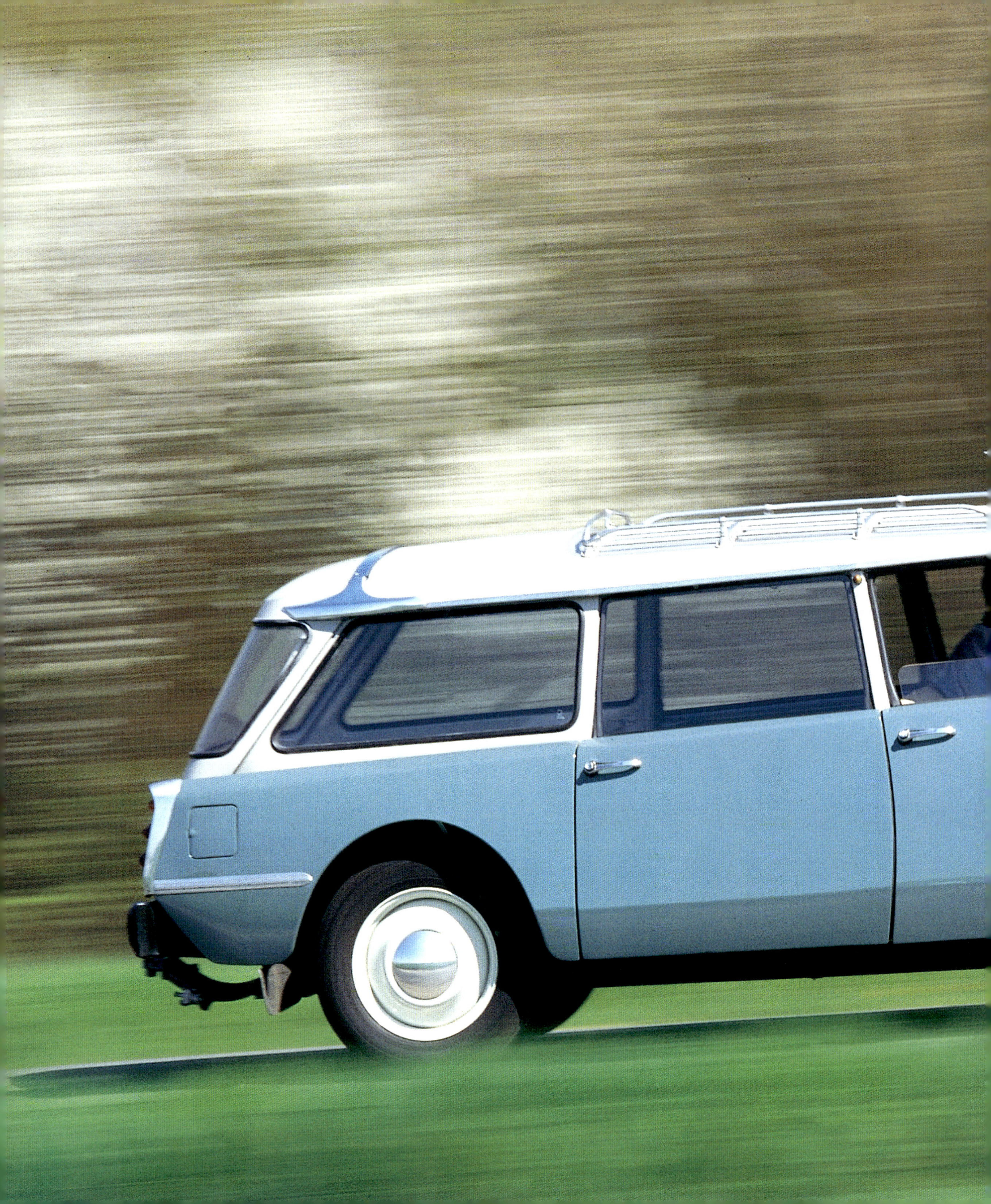

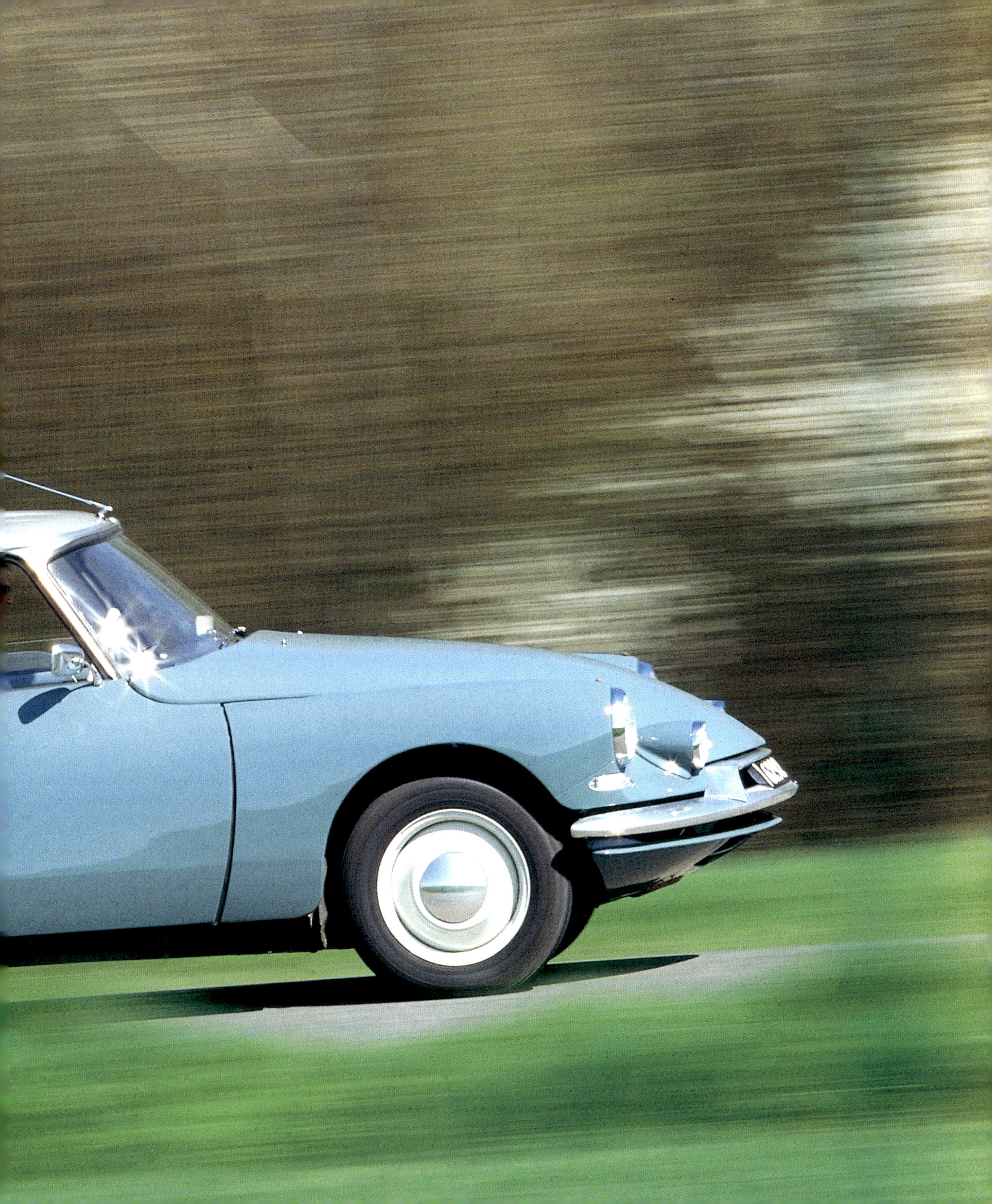

Oben: Diese ID19 Break von 1961 im zeittypischen Farbton weist die Zusatzleuchten der ersten Front auf.

Rechts: Die Break-Modelle dienen oft als Arbeitsgerät in der Woche, am Wochenende dann als Familienausflugsauto.

Formensprache

Franchiset ist als Mitarbeiter der Entwicklungsabteilung zuständig für Citroëns Nutzfahrzeuge. Er steht in direktem Kontakt mit Designer Bertoni und Entwicklungschef Cadiou. Er hat auch die Außenformen und die Grundkonstruktion des berühmten Wellblechtransporters H entworfen. Als er beginnt, über die „Nutzbarmachung" der DS-Karosserie nachzudenken, ist vollkommen klar, dass nichts an einen Kleinlaster erinnern soll. Der Simca Marly bietet einen wandelbaren Innenraum, je nach Stellung einmal „commercial" einmal „familial" nutzbar, mit einer Innenausstattung, die der der Limousinen gleichwertig ist. Der Marly geizt auch nicht mit Chromleisten und zeigt eine in Europa noch ungewöhnliche Öffnung der Heckklappe in zwei Teilen. Von all diesen Eigenschaften des Simca hat Pierre Franchiset sich einen genauen Eindruck verschafft.

Das Lastenheft des Citroën-Kombis ist klar: Keine unnützen Ausgaben, die meisten Bauteile sollen von den Limousinen direkt übernommen werden. Aus diesem Grund verbietet sich auch eine Veränderung des (allerdings eh schon enorm langen) Radstandes und der Bodenplatte, die direkt von den Limousinen übernommen wird, allerdings mit ein paar Verstärkungen am Boden, weswegen später die Cabrios auch Break-Chassis verwenden werden. Von der vorderen Stoßstange über die Motorhaube bis vor das Hinterrad ist ein ID Break äußerlich identisch zur Limousine, sogar die rahmenlosen Hintertüren sind gleich. Dagegen sind die hinteren Türfenster unterschiedlich, neu natürlich auch die dritten Seitenfenster wie das ganze Seitenteil und vor allem das nunmehr aus Stahlblech gefertigte, größere und flachere Dach, das einen integrierten Dachgepäckträger aufweist. Dem gestiegenen Gesamtgewicht tragen auch größere, nun verrippte hintere Bremstrommeln Rechnung sowie dickere Federzylinder und um 11 bar stärker gefüllte Federkugeln hinten. Der Bodenrand ist durch einen Querholm hinter dem Kofferraumbodenblech zugunsten des nutzbaren Laderaums verlängert worden. Abgeschlossen wird das Nutzlast-„Abteil" von einer großen oberen Heckklappe, die ein weit herumreichendes Fenster aufweist mit aus der Dachkante sich ergebenden Alu-Abdeckungen der Scharniere, die ähnlich markant wie bei den Limousinen die Blinker-Trompeten ausfallen. Ergänzt wird die obere von einer rechteckigen unteren Heckklappe, mit deren Hilfe herausragende Ladungen bequem transportiert werden können, ohne Einbußen bei der hinteren Beleuchtung. Sie trägt auch die mittlere Stoßstange („Eisenbahnschiene"), die beim Umlegen nach unten klappt, sowie zwei Kennzeichen, davon eines waagerecht, denn direkt hinter dem Auto stehend, würde man das senkrechte nicht erkennen. Auch das Design der Break-Rückleuchten ist sehr originell. Da die Blinkertrompeten am Dach entfallen

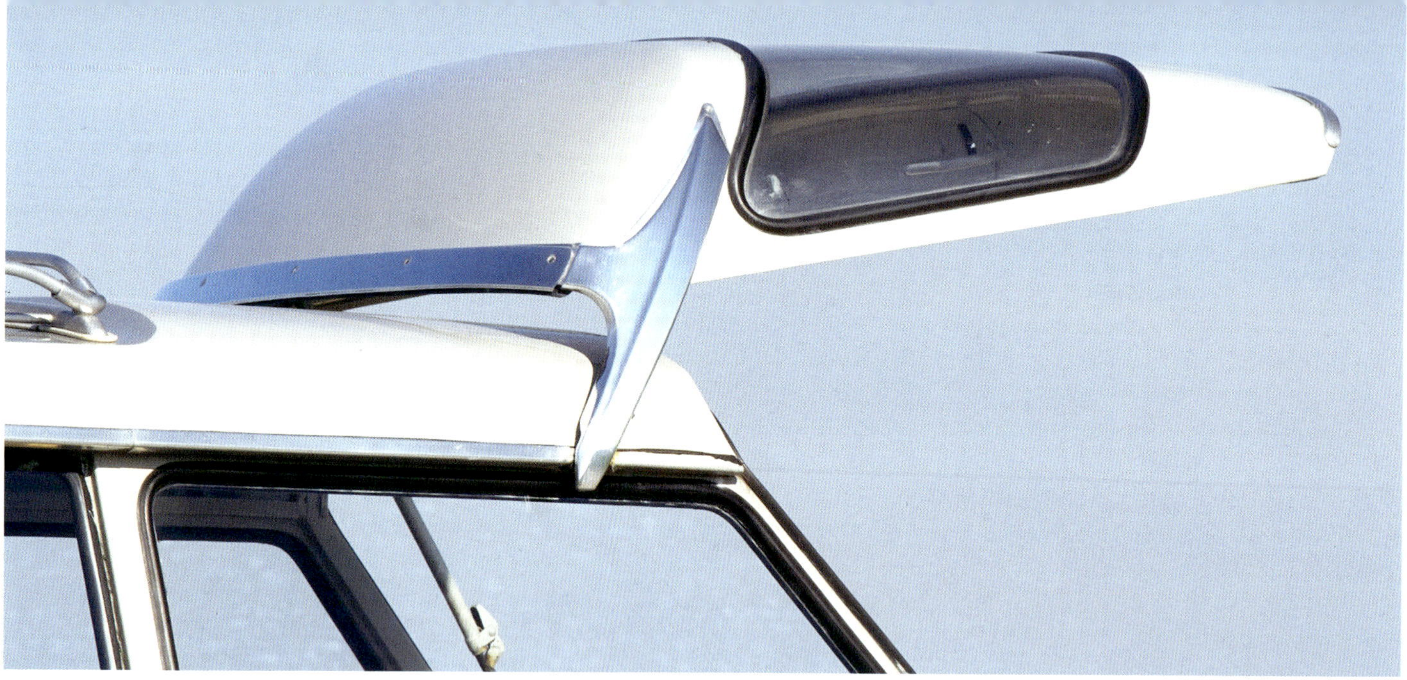

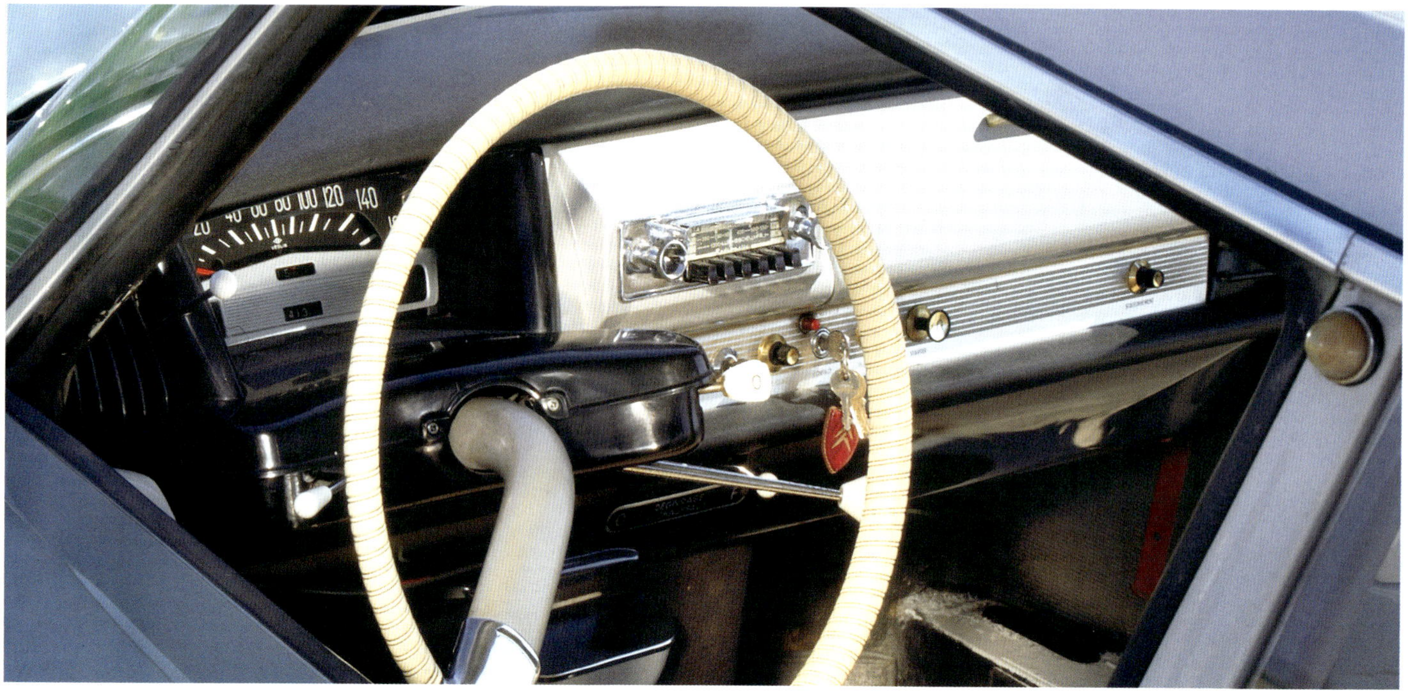
20 40 60 80 100 120 140

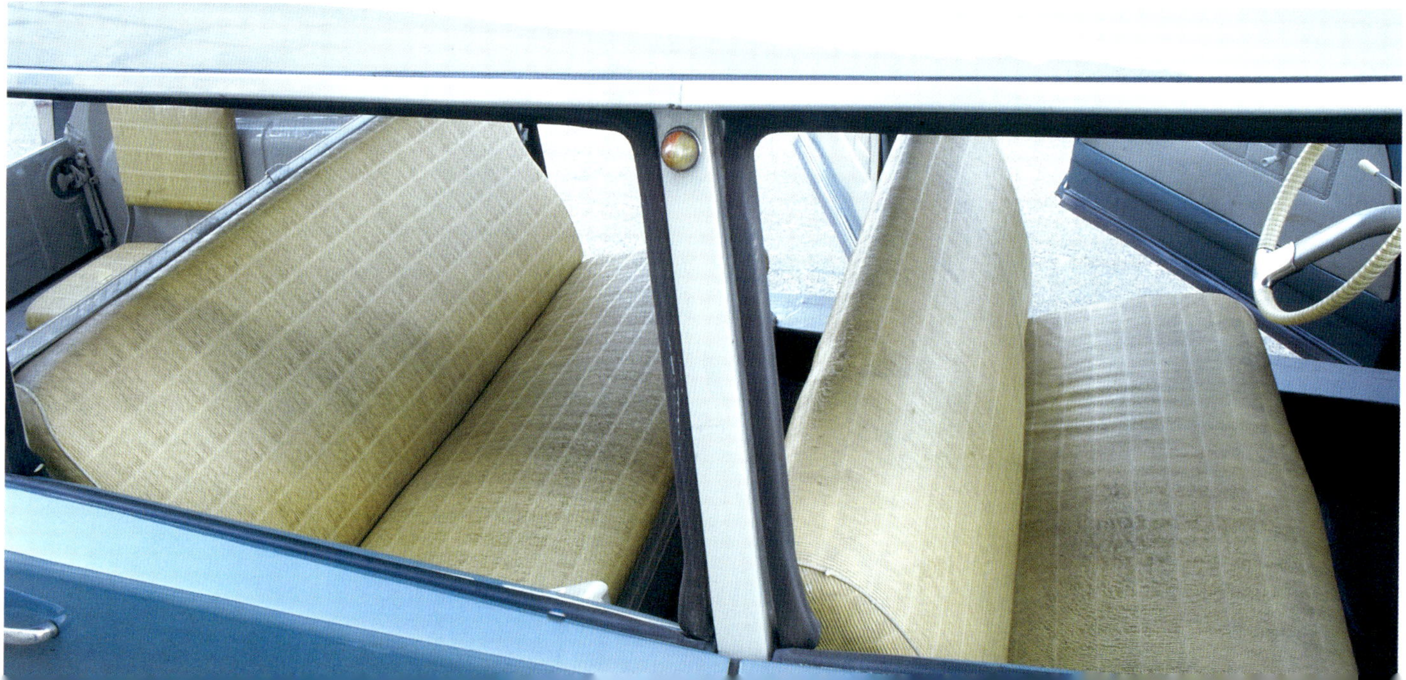

sind, finden in den fast im Stil von Heckflossen geformten Lampenträgern aus Aluminium drei runde Leuchten Platz: Bremslicht, Licht und Blinker, später vereinen sich Bremslicht und Licht in der Mitte und unten kommt ein Rückfahrlicht hinzu.

Sitzplätze für alle

Im Oktober 1958, also zum Modelljahr 1959 in drei Varianten präsentiert, ausgeliefert jedoch erst ein Jahr später ab September 1959, wird die neue Kombi-Karosserie bald in vier Varianten angeboten: Zu den ursprünglichen drei Versionen Break, Commerciale und Ambulance gesellt sich im Mai 1960 der Familiale. Der Break bietet 500 kg Nutzlast und sieben bis acht Plätze in folgender Anordnung: Vorne eine Sitzbank in der Version Luxe bzw. zwei herunterklappbare Einzelsitze in der Version Confort, dahinter eine umklappbare Rückbank, schließlich hinten zwei seitlich zur Fahrtrichtung stehende klappbare Einzelsitze, die, wenn sie nicht gebraucht werden, im Kofferraumboden verschwinden. Die Version Familiale ist ebenfalls für 500 kg Nutzlast ausgelegt und bietet ebenfalls acht Sitzplätze, jedoch anders aufgeteilt. Vorne eine Sitzbank (Einzelsitze erscheinen erst für den Jahrgang 1961), dann auf Höhe der Hintertüren drei in Fahrtrichtung klappbare Einzelsitze, schließlich auf halber Höhe der hinteren Seitenfenster die hintere Sitzbank, also eine dritte Sitzreihe. Bei der Commerciale-Version gibt es „nur" sechs Sitzplätze auf einer vorderen und einer hinteren Rückbank, die Klappsitze entfallen, der gesamte Kofferraumboden ist hier mit einer Klappe

Linke Seite: Zwei Sitzbänke und dahinter zwei Klappsitze: Wir befinden uns an Bord eines ID19 Break Luxe.

Rechts: Werden die Klappsitze und die Rückbank umgelegt, wird die immense Ladefläche des Break sichtbar.

abgedeckt. Die Commerciale-Modelle haben die höchste Zuladung. Die Ambulanz-Version zeichnet sich durch eine 2:1 teilbare hintere Rückbank aus, eine sehr moderne Option, die aber allen anderen Break vorenthalten bleibt. Beim Krankenwagen wird links dann die (aufpreispflichtige) Bahre eingeschoben, der rechte hintere Einzelsitz dient dem medizinischen Begleitpersonal. Dem Citroën-Krankenwagen auf DS-Basis wird in Frankreich eine bis 1976 andauernde, erfolgreiche Karriere beschieden sein.

A propos DS-Basis: Während alle Break-Modell zwar als ID verkauft werden (bis auf die allerletzten Baujahre, in denen Citroën von DS20 und DS23 Break spricht), entsprechen sie technisch doch jeweils genau einer Mixtur aus DS und ID. Sämtliche Break erhalten von Anbeginn die aufwändigere, durch eine separate Speicherkugel unterstützte Hydraulikbremse mit Pilzknopf der DS, auch weisen sie die jeweils stärkeren DS-Motorisierungen auf. Die Kombi-Getriebe sind, bis auf eine kurze Epoche und als Option, von Haus aus immer nur mechanisch geschaltet, bis auf den DS23 ab Ende 1972 jeweils etwas kürzer übersetzt als in den DS-Limousinen. So können die Break-Modelle meist nur 10 km/h niedrigere Höchstgeschwindigkeiten als die vergleichbaren DS aufweisen, der Verbrauch liegt bei 90 km/h unter 10 Litern, ein auch beim Publikum gut ankommender Wert. Dieses schätzt überhaupt die stylistische Ähnlichkeit zur DS, sodass der ID Break insgesamt zu einem Erfolg werden kann.

Zwischen ID und DS

Die Evolution der Break-Modelle folgt der Baureihe ID/DS, genauer gesagt, was den Antrieb betrifft, den DS. So erhalten die ID19F, wie ihre offizielle Typbezeichnung lautet, die analog zu den ID seit September 1962 eine neue Front aufweisen, im März 1963 den 80 DIN-PS-Motor (83 SAE-PS) der DS19 sowie deren vollsynchronisiertes Vierganggetriebe. Die Annäherung des ID19 Break an die DS führt im September 1965 zur Übernahme der neuen Antriebseinheit mit fünffach gelagertem 1985 cm³-Motor, der 84 DIN-PS (90 SAE-PS) abgibt. Sogar der 2175 cm³-Motor mit 100 DIN-PS (109 SAE-PS) der DS21 wird in einem zweiten Kombi übernommen, sodass als Break ein Modell ID21 entsteht, welches es als Limousine erst 1972 mit dem DSuper5 geben wird. Im Februar 1968 erhalten die Break wahlweise auch das hydraulisch geschaltete DS-Getriebe, eine Option, die zwei Jahre später schon wieder eingestellt wird. Bei dieser Gelegenheit wird erneut deutlich, dass der konstruktive Differenzierungswille bei Citroën nicht immer von ökonomischen Genies betrieben wird: Anstatt den ID-Break mit hydraulischer Schaltung das Armaturenbrett der DS mit Hydraulik-Schaltung einzubauen, behalten sie das bei allen Break übliche ID-Armaturenbrett bei, das für die geänderte Schaltung eigens überarbeitet werden muss! Für das Modelljahr 1969 ersetzt ein ID20 Break (Typbezeichnung ID20F) den ID19 Break (ID19F), er hat nun den 90 DIN-PS-Motor (103 SAE-PS). Mit dem Modelljahr 1970 werden sämtliche ID und DS zu „D-Modellen" umbenannt, die Break mutierten zu „namenlosen" Break 20 oder Break 21, die Typbezeichnung bleibt jedoch immer noch bei dem traditionsreichen Kürzel ID. Im Herbst 1972 ersetzt analog zu den Limousinen der Break 23 mit 2347 cm³ Hubraum und einer Leistung von 110 DIN-PS (115 SAE-PS) den Break 21. Im Sommer 1973 entfällt die Version Commerciale für den DS 23 Break, was die letzte große Änderung bis zum Produktionsstopp im April 1975 sein soll. Die Ambulanzen werden sogar noch ein Jahr länger bis 1976 ausgeliefert. Am Ende sind knapp 100.000 Kombi-Versionen der ID/DS-Baureihe von den Fertigungsbändern gerollt, für diese Kategorie in einem „Nicht-Kombi-Land" wie Frankreich zu jener Zeit ein stolzer Erfolg.

Serienmäßig sind die Dachpartie und die Grundkarosserie der Break stets grau gefärbt.

Oben:
Eine ID-Version, die es bei der Limousine erst ab 1972 als DSuper5 gab: ID21 Break von 1968.

Rechte Seite:
Der 68er Break-Innenraum hat sich den DS-Interieurs schon deutlich angenähert.

Mitte und unten:
Details der Nützlichkeit: Absenkbare Ladekante dank Hydraulik, serienmäßiger Dachgepäckträger und zweigeteilte Heckklappe.

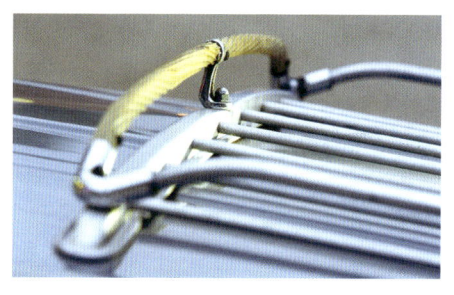

Kapitel **7 ID Break**

95

Aus allen Blickwinkeln macht auch das D-Nutzfahrzeug Break eine elegante Figur.

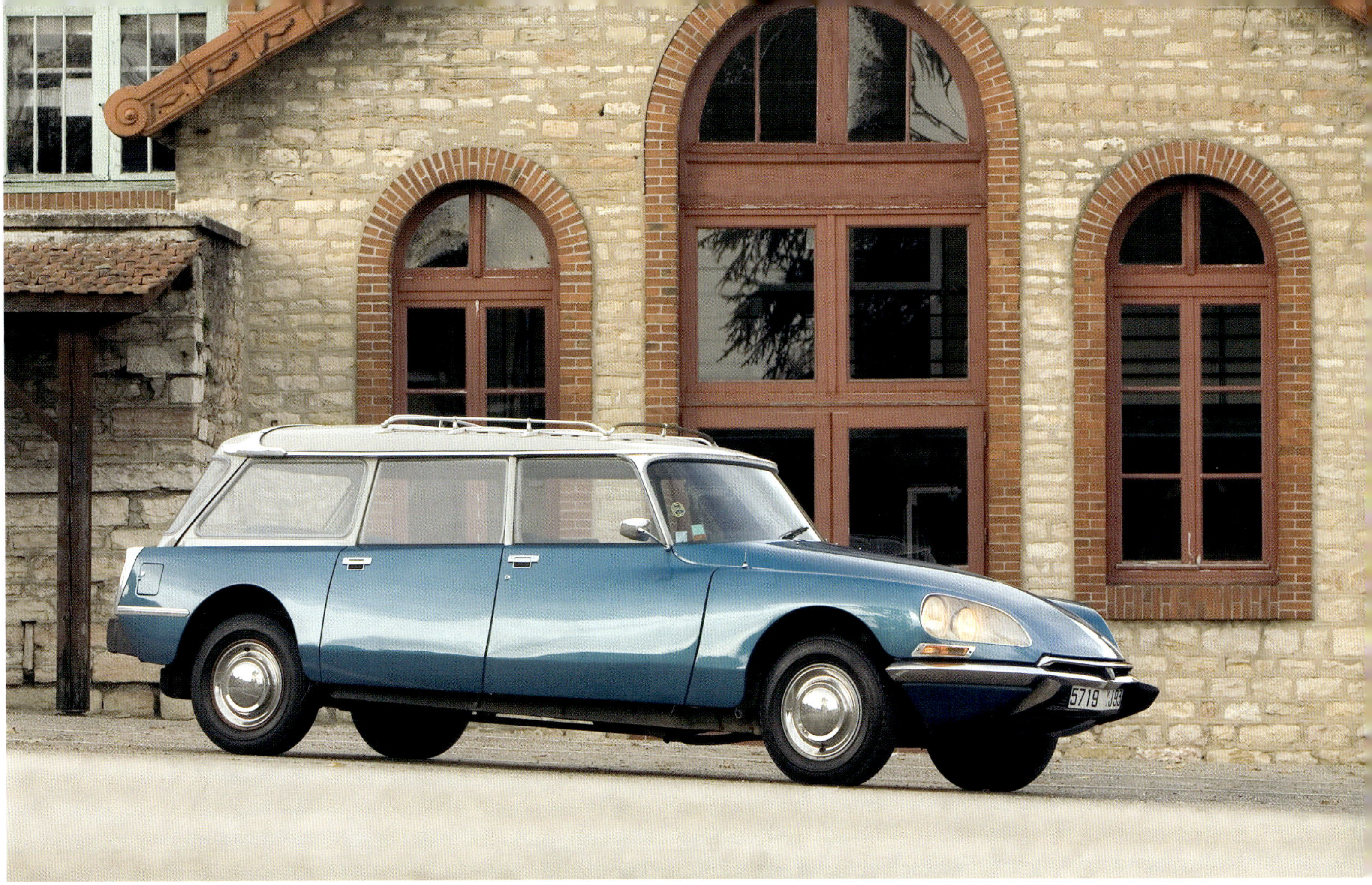

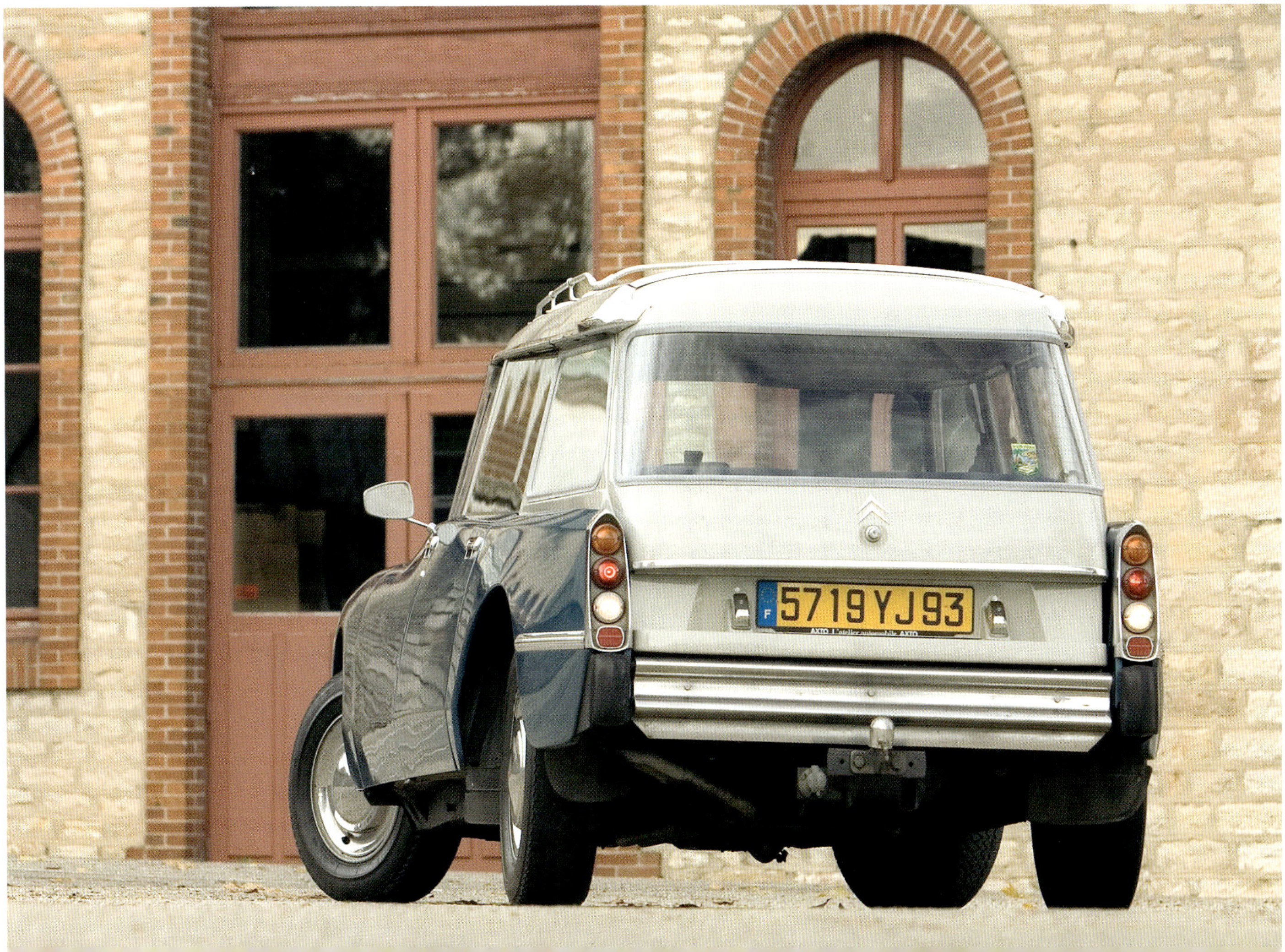
5719YJ93

Unten: Der Grund für das doppelte Nummernschild hinten: Man kann damit eine ID-Break legal auch mit offener Ladeklappe fahren, bei voller Beleuchtung.

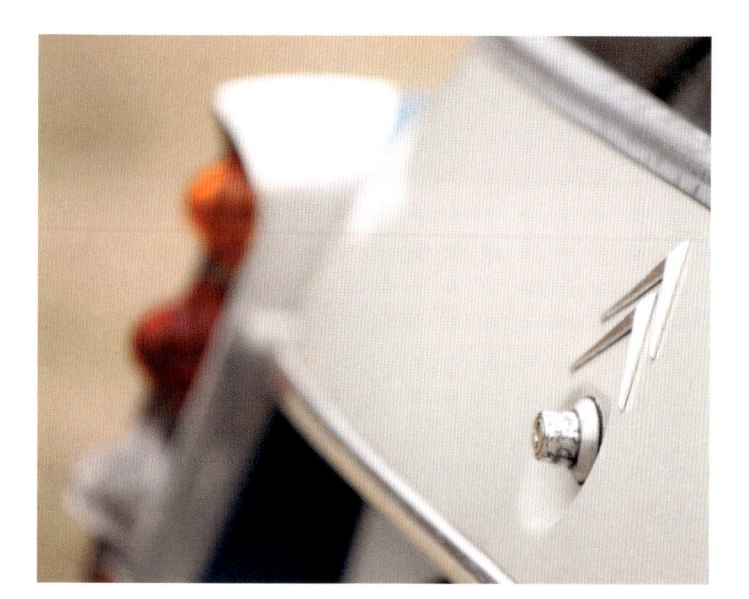

Oben rechts: Bei den Familiale, hier ein Modell ID20 von 1972, sitzt die letzte Rückbank weiter hinten, die drei Klappsitze befinden sich davor im (modifizierten) Fußraum.

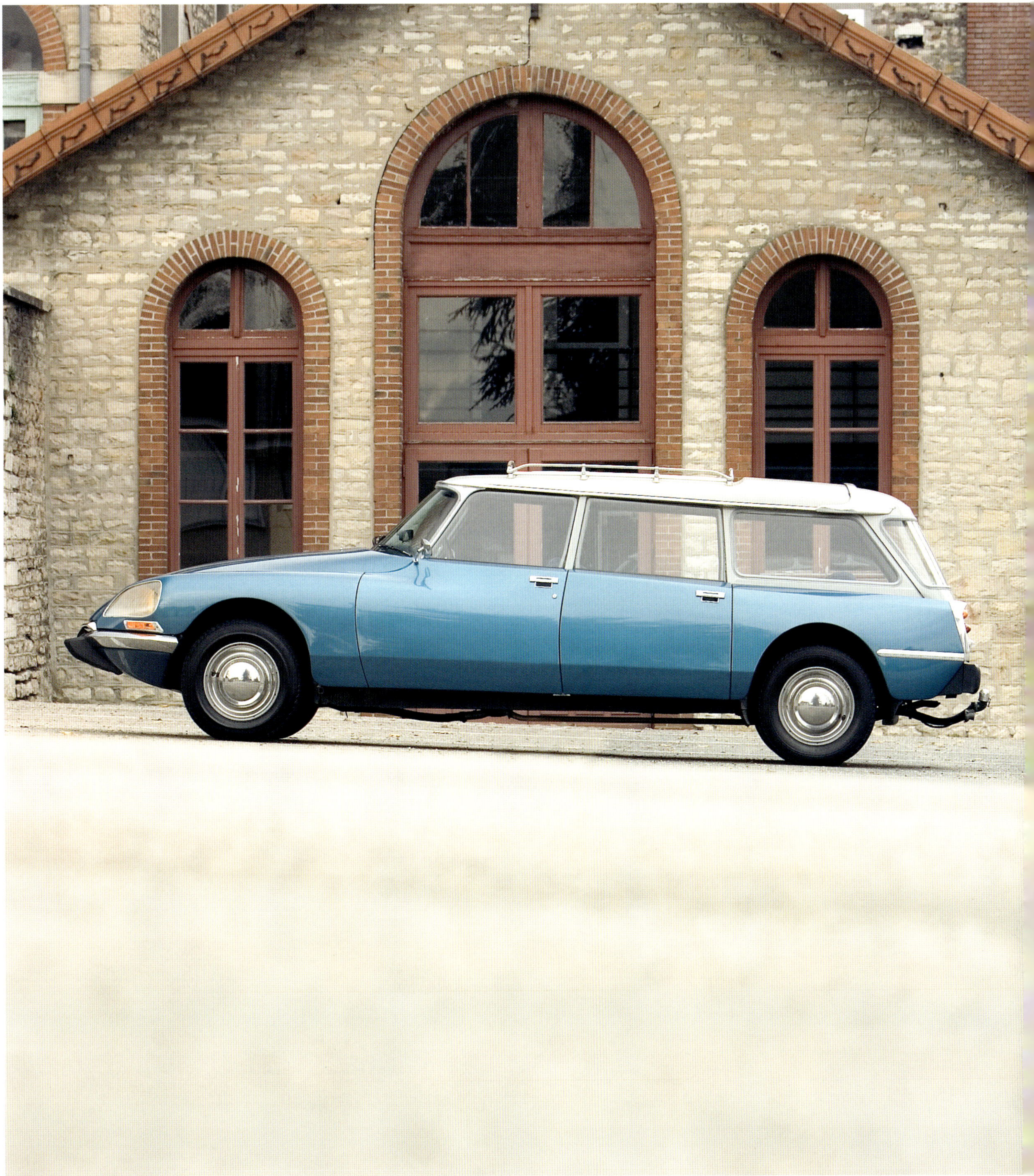

Innenraumdetails eines Break-Familiale. Das Armaturenbrett der dritten Serie nivelliert den Unterschied zwischen DS und ID.

Kapitel **7 ID Break**

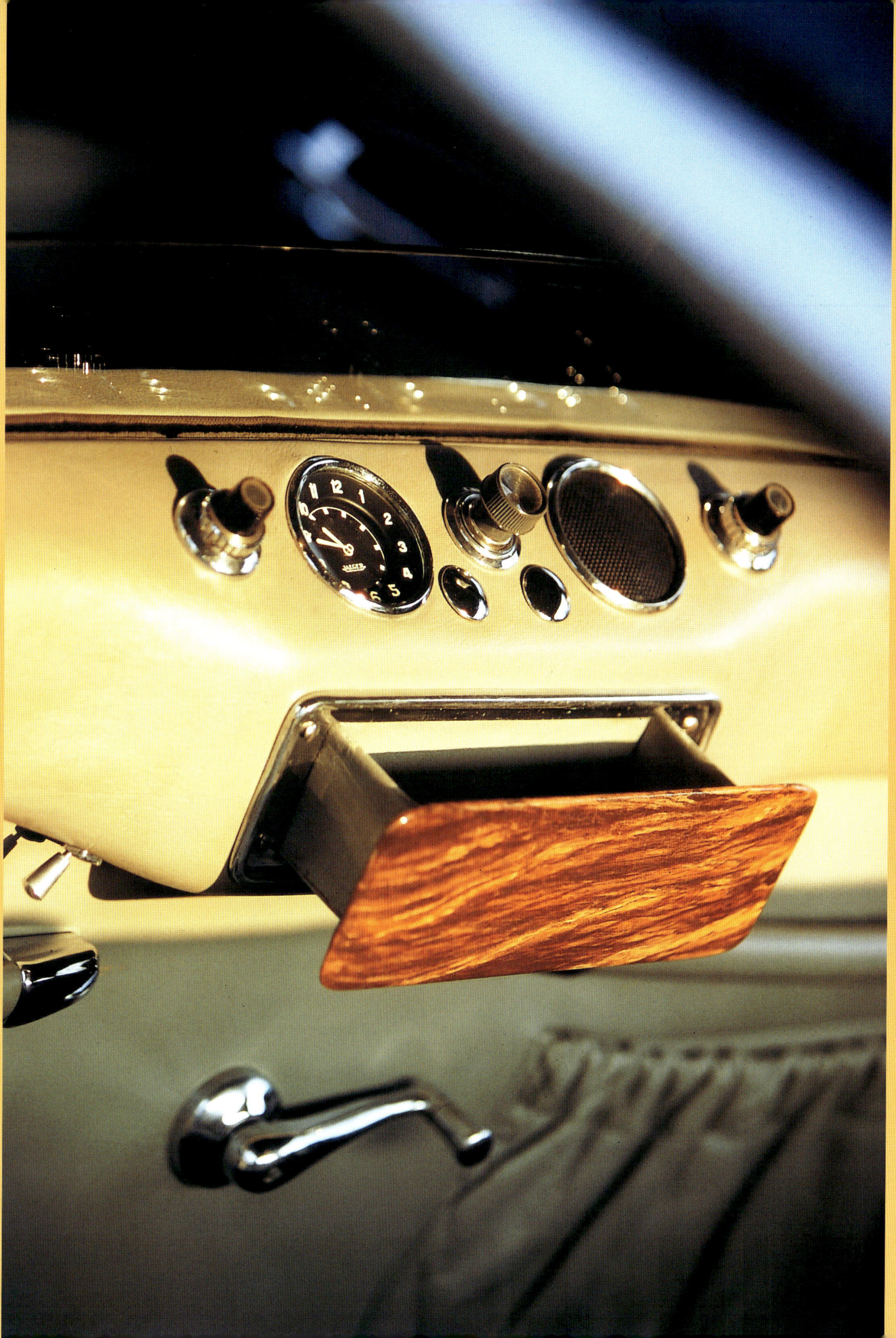

DS

DS Prestige   1958-1975

Seit ihrem Erscheinen wird die DS, zumindest in Frankreich, für das Auto einer Elite gehalten. Tatsächlich bewirkt der relativ hohe Anschaffungspreis, dass dieses Auto überwiegend von Freiberuflern und lokalen Honoratioren gekauft wird. Dieser Teil der Kundschaft ist immerhin so zahlreich, dass die DS eine Großserienfertigung erlebt. Was die darüber liegende Stufe der Gesellschaft betrifft, bedarf es für diese des „etwas mehr". Weder Industrielle noch Politiker geben sich gemeinhin mit einem „gewöhnlichen" Automobil zufrieden.

Um den besonderen Wünschen einer unter Zeitdruck stehenden Klientel entgegenzukommen, für welche jede Minute als Arbeitszeit gebraucht wird, entwickelt Citroën eine diesen Wünschen angepasste DS. Im Jahr 1958 soll es soweit sein, mit der Version Prestige.

KAPITEL 8

Rollendes Büro

Auf dem Pariser Salon 1958, also für das kommende Modelljahr 1959, präsentiert die Marke vom Quai de Javel ihr neues Modell, die DS19 Prestige. Bereits die Verkaufsbezeichnung beschreibt die gesamte Attraktion des Fahrzeugs. Äußerlich wie innerlich von einer Serien-DS unterscheidbar weist die Elite-DS eine in Frankreich einzigartige Ausstattung auf, abgesehen natürlich von den handwerklichen Lösungen der Carrossiers, die auf Kundenwunsch arbeiten.

Beginnen wir beim wichtigsten Unterschied, dem Innenraum: Die Sitze sind vorne klassisch aus Leder, hinten aus dem modernen Helanca. Auf Wunsch sind alle Sonder-Polsterwünsche erfüllbar. Zwischen beiden Bänken steht eine Trennwand mit einer durch Handkurbel versenkbaren Trennscheibe. Im Handschuhfach des Serien-Armaturenbretts befindet sich ein Autoradio. Der Prestige-Passagier findet auf der Rückbank alle Mittel der Kommunikation: ein weiteres Radio-Bedienteil mit Vorwählung der Stationen sowie sogar ein Autotelefon. Zum Fahrer besteht bei geschlossener Trennscheibe Verbindung mithilfe einer Bordsprechanlage. Weitere wichtige Kleinigkeiten in der Mittelwand helfen dem Passagier, die Fahrt angenehm zu gestalten: Wählhebel für die getrennte Heizung, Zigarrenanzünder und Ascher, separate Innenraumleuchten und Zeituhr. Eingedenk der vielen elektrischen Zubehörteile besitzt die DS Prestige bereits eine 12-Volt-Bordelektrik. Äußerlich zeigt die DS Prestige Distinktion: Stets in Schwarz lackiert (die Türinnenseiten in Grau) sind bei diesem Modell auch die Verkleidungen der C-Säulen in Schwarz gehalten.

Die DS Prestige wird nur auf Bestellung montiert, sie ist auch erst ab Mai 1959 zu haben. Im ersten Jahr werden knapp 30 Exemplare gefertigt. Da Citroën keine eigene Fertigungslinie für Kleinstserien bereithalten will, wird die Ausstattung der Prestige dem Karosseriebauer Henri Chapron in Levallois anvertraut. Durch dessen Handfertigung sind sehr viele Optionen bestellbar, kaum eine Prestige gleicht der anderen genau.

Übrigens gibt es auch ein Pendant für die ID, genannt „voiture de maître" (Herrschaftsauto). Ohne die technischen Highlights seiner großen Schwester aufzuweisen ist die ab Juni 1959 gebaute Voiture de Maître häufig nichts anderes als eine ID Confort mit Trennscheibe. Stets jedoch ist sie schwarz, die lackierten Seitenteile kennzeichnen auch sie, genau wie die zwei Sorten Polsterung, hier vorne aus Kunstleder, hinten aus Lycra. Immerhin gelingt es Citroën, bis 1961 46 Einheiten dieser „Einfach-Prestige" abzusetzen. Die Trennscheibe als Option bleibt für die ID bis 1969 im Programm.

Evolution nur mechanisch

Die DS Prestige bleibt im Katalog bis zum Produktionsstopp im Jahr 1975. Während ihre besondere Innenausstattung sich kaum mehr verändert, folgt sie logischerweise allen technischen Änderungen der Serie. So gibt es ab 1963 zwei Getriebe zur Wahl, mechanisch oder hydraulisch geschaltet, und ab Herbst 1965 zwei Hubräume, 1985 oder 2175 cm³. Die Verkaufsbezeichnungen lauten DS19 Prestige oder DS21 Prestige, beide mit den zwei Getrieben nach Wahl. Im August 1968 wird aus der DS19 eine DS20 bei gleichem Hubraum, die aber dank Registervergaser nun 90 DIN-PS leistet (103 SAE-PS). Nun heißt die Wahl der Elite also DS20 Prestige oder DS21 Prestige, mit der gleichen Wahl der Getriebeart, die bis zum Schluss identisch bleibt. Im Herbst darauf erscheint die Benzin-Einspritzung bei der DS21, man hat als Prestige-Käufer also sechs Varianten aus DS20, DS21 oder DS 21ie zur Wahl. Ab September 1970 ist die DS20 Prestige nur noch in der Version mit hydraulischer Schaltung lieferbar. Ab Juni 1971 erhalten auch die Prestige-Modelle Details der Pallas-

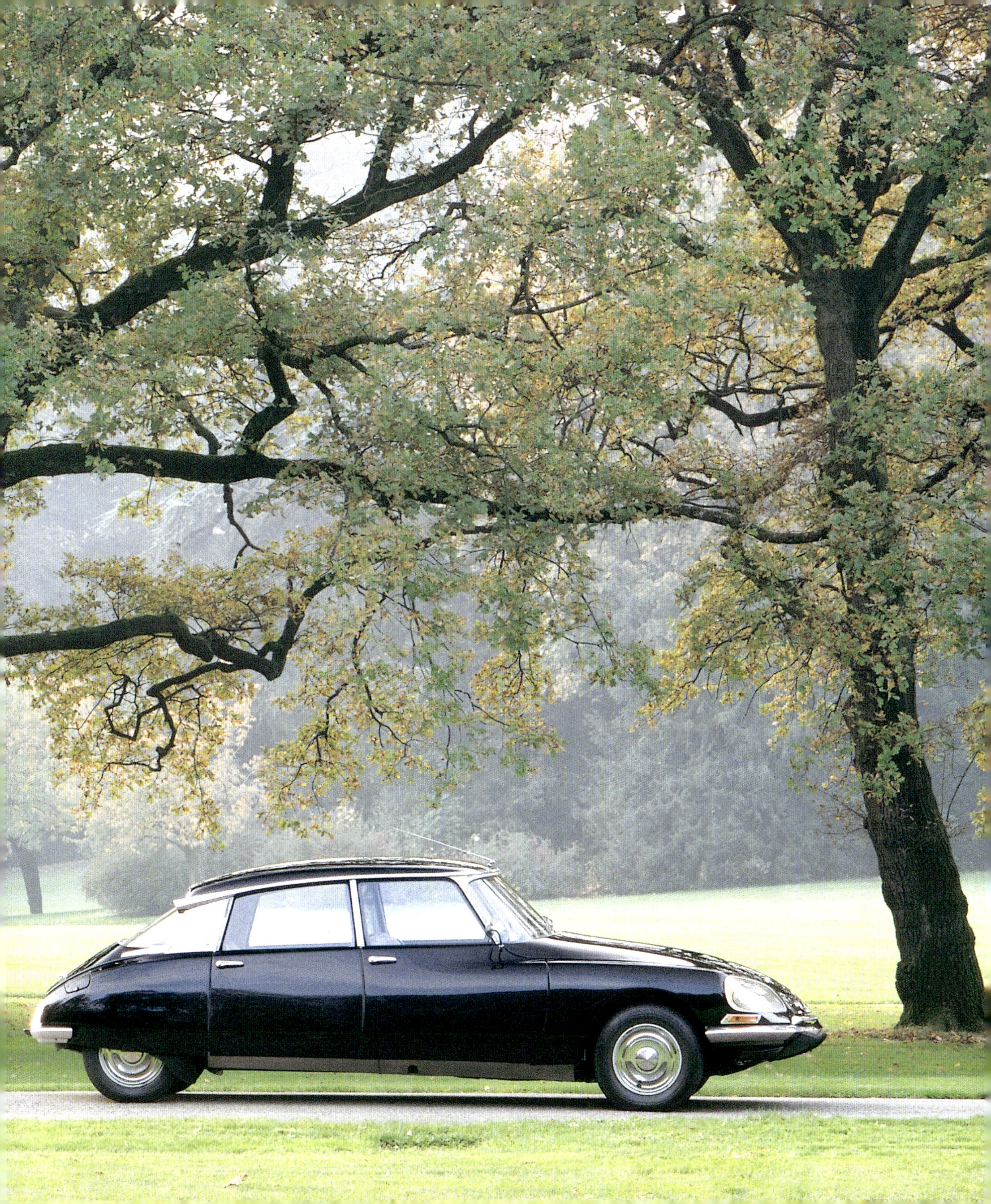

Mit der Version Pallas Prestige verführt Citroën ein besonders wohlhabendes und anspruchsvolles Publikum.

Ausstattung wie Edelstahl-Verkleidungen der Türen, dickere Teppiche und besser gepolsterte Sitze mit höheren Lehnen usw. Das Modell 21, egal ob als Vergaser oder Einspritzer geordert, bietet auch als Version Prestige nun das neue Fünfganggetriebe zur Wahl. Im Herbst 1971 entfällt das Model DS20 Prestige, nur die zwei 21er Prestige-Pallas bleiben lieferbar. Im September 1972 wandelt sich als letzte Änderung die DS21 dank vergrößertem Hubraum zur DS23, als solche bleibt die DS23 Prestige-Pallas lieferbar bis April 1975.

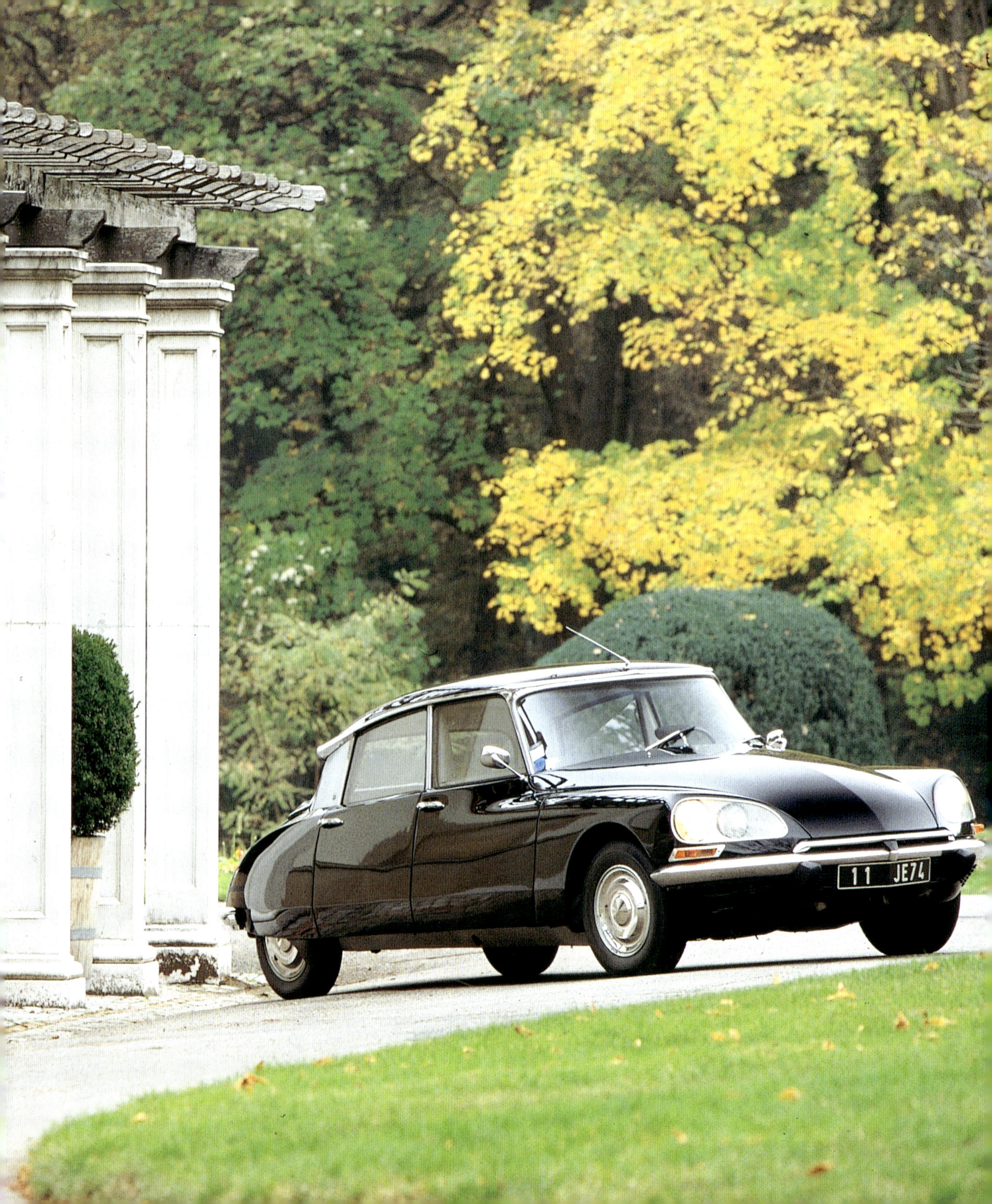
11 JE74

Details des Luxus: Klima, Leder, Trennscheibe, Gegensprechanlage und so fort, alles bei Chapron auf Kundenwunsch in Handarbeit eingebaut.

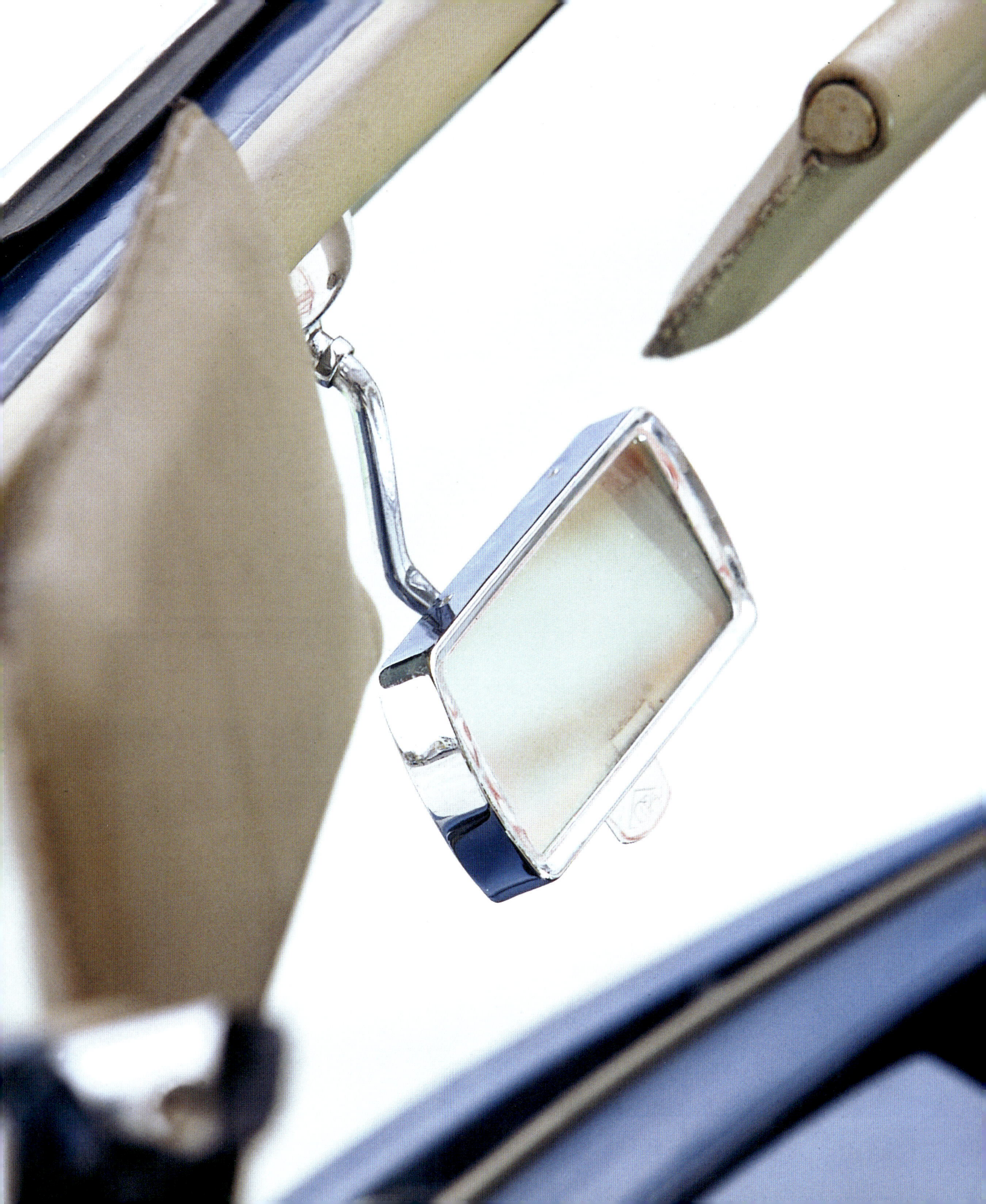

DS

Chapron-Cabriolets 1958-1969

Die Sechziger Jahre stellen für die französische Automobilindustrie eine bedeutende Etappe dar: Der massive Anstieg der Serienproduktion bei den großen Marken fällt mit dem massenhaften Sterben der meisten Ateliers namhafter Karosseriebauer zusammen, die besonders in den Dreißigern und Vierzigern das weltweit bekannte Bild der „Französischen Karosserieschule" geprägt haben. Ein einziger Betrieb kann die Nachkriegs-Krise überwinden und sein Geschäft – wenn auch nur vorübergehend – retten: Henri Chapron. Sein Geschick besteht darin, in der DS frühzeitig den rettenden Engel zu erkennen. Trotz ihrer Großserienfertigung bleibt die DS nämlich nicht nur ein faszinierendes Auto von Rang, dank Ihrer stabilen Plattform und der Karosserie mit weitgehend nur verschraubten äußeren Einzelteilen stellt sie auch in Zeiten selbsttragenden Karosserien für den Carrossier ein wunderbar einfach zu bearbeitendes Automobil dar. Nur ein Jahr nach dem Beginn der Serienfertigung entscheidet Chapron bereits, mit eigenen Creationen zu erscheinen, die freilich einem ganz besonders elitären Publikum vorbehalten sein sollen. Er beginnt mit einem Cabriolet...

KAPITEL 9

Startschuss

Beim Pariser Salon im Oktober 1958 zeigt Henri Chapron auf seinem Stand die erste „enthauptete" DS. Dieses Cabriolet ist tatsächlich eine Limousine ohne ihr Dach. Nach wie vor mit vier Sitzen versehen, hat das Auto seine Hintertüren verloren, wogegen die Vordertüren verlängert worden sind. Die Hintertüren – ohne Griffe freilich – werden als Seitenteile genutzt, gefolgt zunächst noch von den serienmäßigen Hinterkotflügeln, die genau wie bei den Limousinen einen großen Abstand zur Tür aufweisen. Das Ergebnis sieht, man muss es sagen, wenig ästhetisch aus, doch Chapron hat einige Klippen zu umfahren. Beraubt man die DS-Grundkarosserie nämlich ihres Oberteils, beginnt sie, sich zu verwinden. Der Karosseriebauer muss also ihre Grundstruktur versteifen und einige Verstärkungen auf die Längsträger hinter den Türen und vor allem quer hinter der Sitzbank einschweißen. Um das Ganze dem Kunden zu versüßen, bringt Chapron etliche hausgemachte Chromteile am Cabriolet an, die das Auto „verschönern" helfen sollen. Das Chapron-Cabriolet ist sowohl auf Basis der DS wie der ID lieferbar, genauso kann der Kunde Ausstattungsmerkmale auf Wunsch ordern, zum Beispiel gekürzte Windschutzscheibe, Ausstellfenster, Außen- und Innenfarben, Polsterung, spezielle Radkappen oder Weißwandreifen. Dieses Auto verführt gleichwohl nur eine kleine Elite zum Kauf, die bereit ist, die „Kleinigkeit" von 800.000 (alten) Francs zu zahlen, zusätzlich zum Kauf des aufzuschneidenden Basisautos versteht sich.

Bereits vor Ende des Jahres 1958 lässt Chapron eine breite vertikale Chromleiste zur Spaltabdeckung zwischen Seitenteil und Hinterkotflügel anbringen, die im kleinen Seitenblinker ausläuft – eine nur wenig elegantere Lösung als die vorherige. Eingedenk der Tatsache, dass es sich bei Chapron um wirklich handwerkliche Produktion handelt und der Meister stets um Verbesserungen bemüht ist, wird man keine zwei Cabriolets finden, die völlig identisch sind, besonders bei den frühen „Serien". Die Wölbung der Kofferraumklappe wird im Interesse einer fließenden Linie Objekt viele Verbesserungsversuche. Chapron als Blechkünstler zögert sogar nicht, teilweise Polyester einzusetzen, um sein Ziel zu erreichen. Die Hinterkotflügel der Serien-DS werden schließlich durch lange Blechteile von Chapron ersetzt, welche an den Vordertüren beginnen und bis zum Heck laufen. Da sie verschweißt sind und nicht verschraubt, benötigen sie auf Höhe des Rades untere Ausschnitte, um den Radwechsel zu ermöglichen, der bei den Serien-DS mit abgenommenem Kotflügel stattfindet.

Erfolg auf der Croisette

Als sich im Februar 1959 zum Cabriolet ein erstes Coupé bei Chapron gesellt, erhalten die Eigenkreationen Namen: Das erste Cabrio wird (nach dem Prachtboulevard von Marseille) La Croisette benannt. Die Fertigung seiner

Die Croissette-Cabrios verwenden noch die hinteren Serienkotflügel und weisen daher die markanten senkrechten Chromabdeckungen auf.

Linke Seite: Der Bau des ersten Chapron-Cabrios La Croisette erfordert immense Umbauten, da noch komplette Limousinen von Citroën angeliefert werden.

Karosserie wird erneut modifiziert: Eine leichtere Verstärkung hinter der Rückbank ermöglicht es, dass diese nun eine flachere Lehne bekommt. Wenn das Verdeck jetzt gefaltet ist, verschwindet es bündig hinter der Rückbank, was dem Wagen ein eleganteres Profil verleiht. Die La Croisette-Version wird in 52 Exemplaren bis 1962 gebaut werden, wobei zu beachten ist, dass das Gros der Bestellungen auf die Zeit bis 1961 fällt. In jenem Jahr präsentiert Citroën nämlich das eigene „Werks"-Cabriolet, welches zwar auch bei Chapron montiert wird, aber zu einem bedeutend günstigeren Preis verkauft wird.

Um mit seinen eigenen Produkten im Rennen zu bleiben, stellt Chapron (neben dem 2+2-sitzigen Cabrio Le Caddy) 1962 eine neue Version seines viersitzigen DS-Cabriolets vor, die Version Palm Beach. Das Rezept ist das gleiche, doch der Palm Beach vermeidet die „Irrungen" des ersten Entwurfes. Nun schließt das Verdeck nicht gleich hinter den Türen an, sondern beginnt erst hinter den versenkbaren Seitenscheiben, was die Lichtverhältnisse im Inneren bei geschlossenem Verdeck erhöht. Insgesamt wirkt das Verdeck sehr viel eleganter, sogar als das Verdeck des Werks-Cabrios, welches etwas zu hoch geraten ist. In Relation zu seinem hohen Preis und eingedenk der Konkurrenz durch Citroëns Werks-Cabrio erringt der Palm Beach von Chapron gute Verkaufserfolge. Ab 1965 soll dieses Chapron-Cabrio sich noch deutlicher von der Offenversion des Konstrukteurs unterscheiden, denn nun trägt es hintere Kotflügel, die vom Facel Vega inspiriert zu sein scheinen und zögerliche Andeutungen von Heckflossen zeigen. Das Palm Beach-Cabrio soll bis zum Ende der 60 Jahre erhältlich sein, für das Baujahr 1968 erhält es natürlich die dritte Front mit Scheinwerfern hinter Glas. Rund dreißig Palm Beach verlassen die Chapron-Ateliers in Levallois.

Typisch Chapron: Chromschmuck, wohin das Auge blickt.

Rechte Seite: Offen und geschlossen macht das Croisette-Cabrio annähernd die gleiche gestreckte Figur.

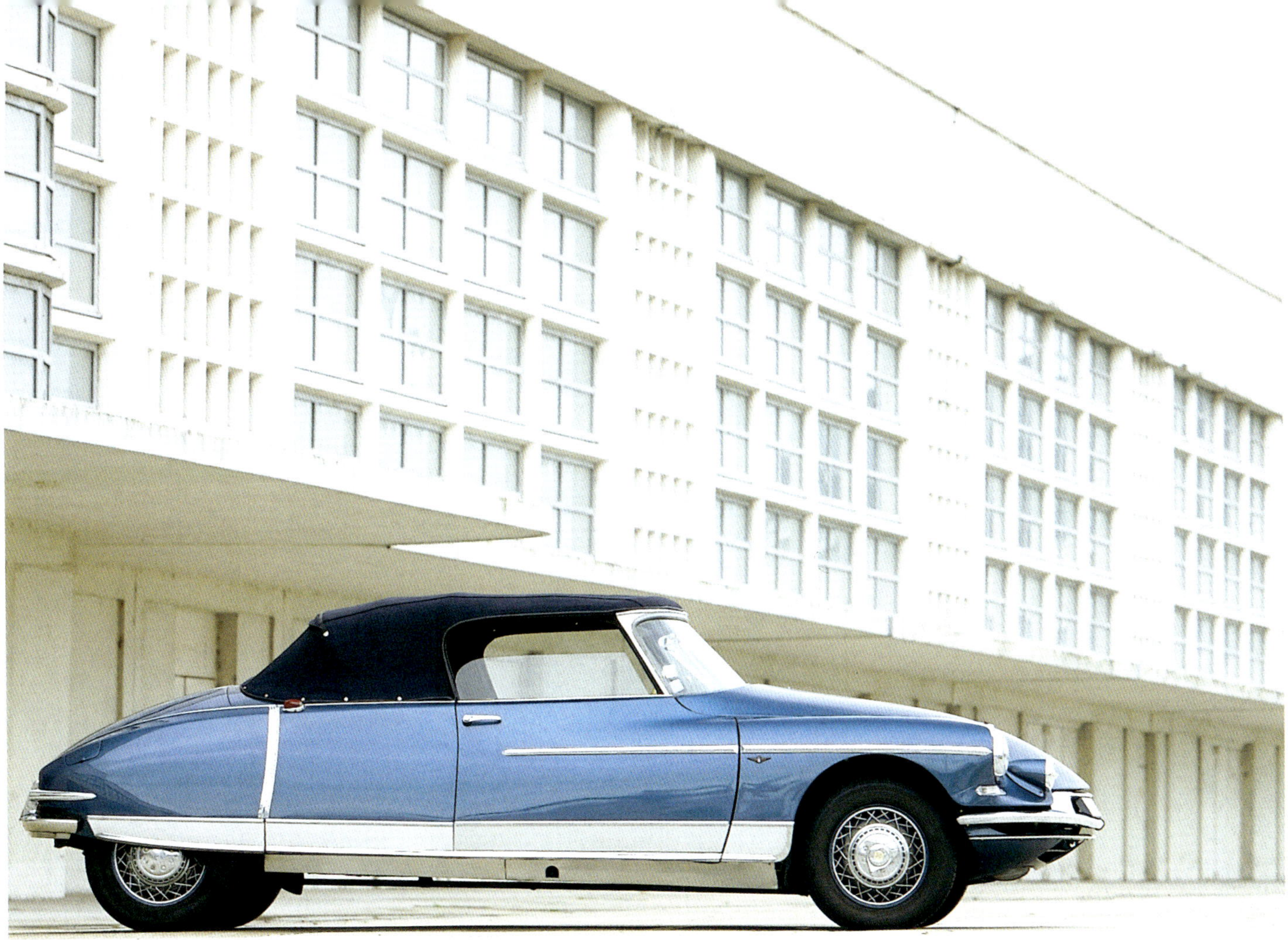

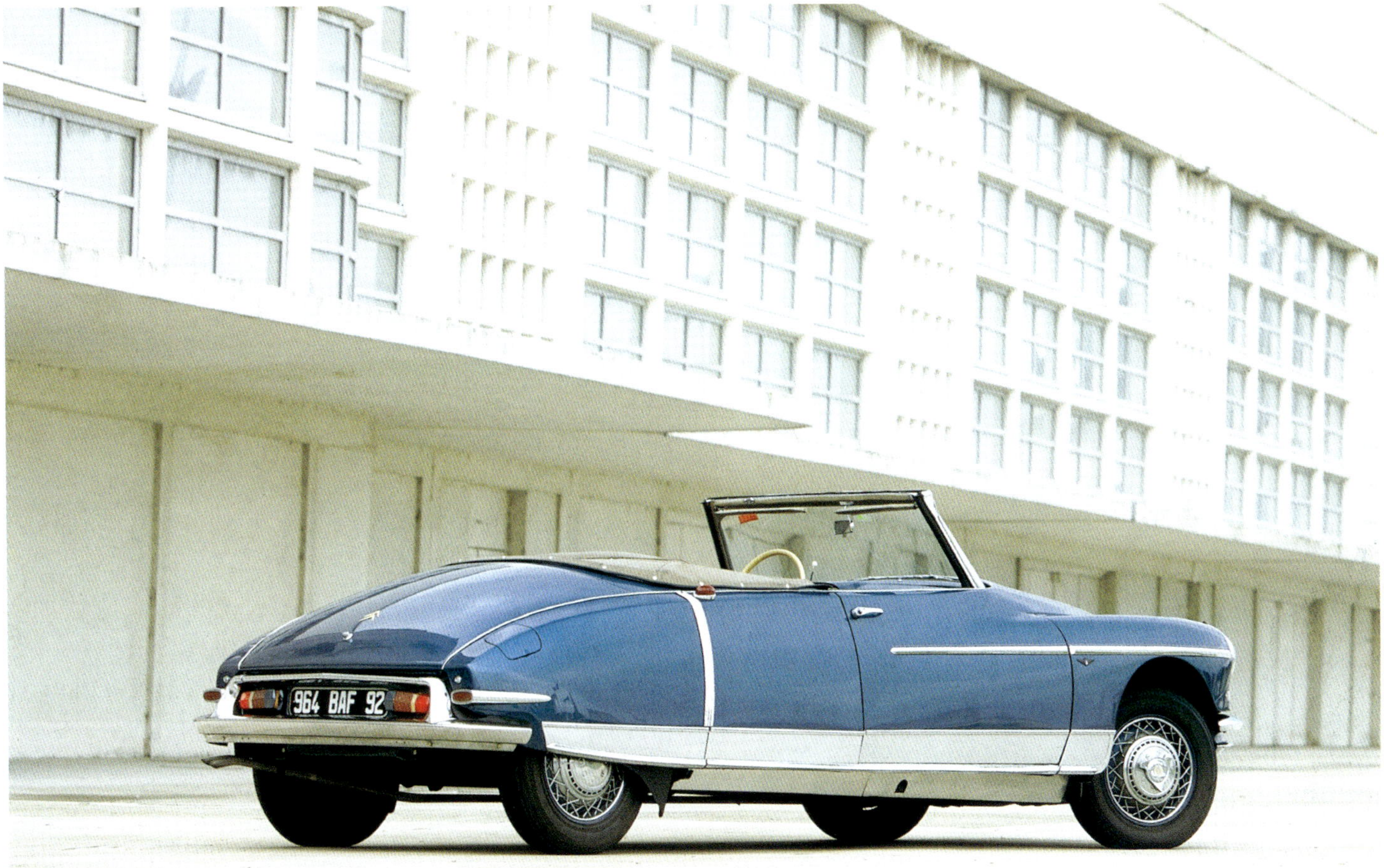
964 BAF 92

Ein Caddy mit zwei Plätzen

Neben den offenen Viersitzern bietet Chapron auch von 1959 bis 1968 eine weitere Cabriolet-Variante an, die Version Le Caddy. Der Unterschied zum La Croisette bzw. Palm Beach besteht einzig in seiner Innenraum-Dimension, denn der Le Caddy war ein sogenannter 2+2-Sitzer. Sein Radstand bleibt wie die Bodenplatte insgesamt gleich bei allen Modellen und stammt von der Serien-DS. Der Platz vor der Rückbank wird stark beschränkt zugunsten des Kofferraums, ein langes Blechteil deckt die Hinterpartie ab. Aus der rückwärtigen Dreiviertelsicht sieht wegen dieser Langgestrecktheit der Le Caddy sogar eleganter aus als die viersitzigen Cabriolets. Wie seine Verwandten erlebte der Le Caddy eine lange Bauzeit. 1965 erscheinen auch hier die angedeuteten Heckflossen, Im Herbst 1967 erhält auch dieses Cabrio die neue Frontpartie. Bis Ende 1968 im Angebot baut Chapron 34 Exemplare des Le Caddy.

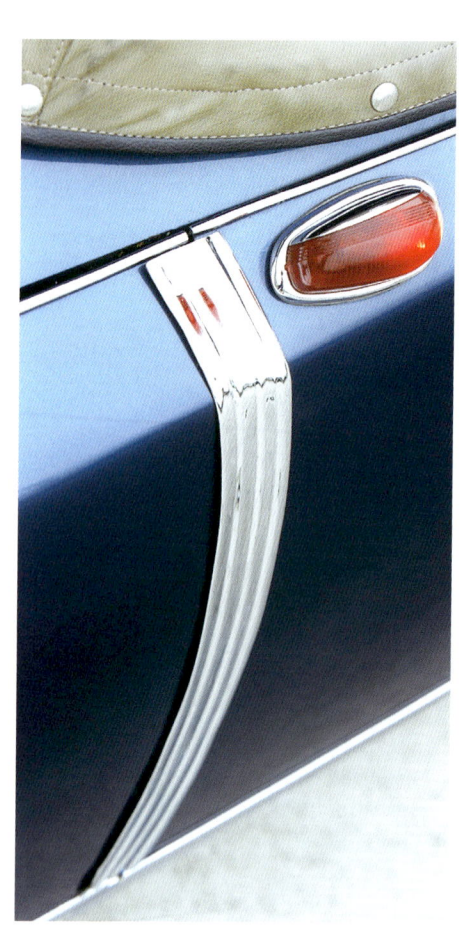

KAPITEL 9 Chapron-Cabriolets

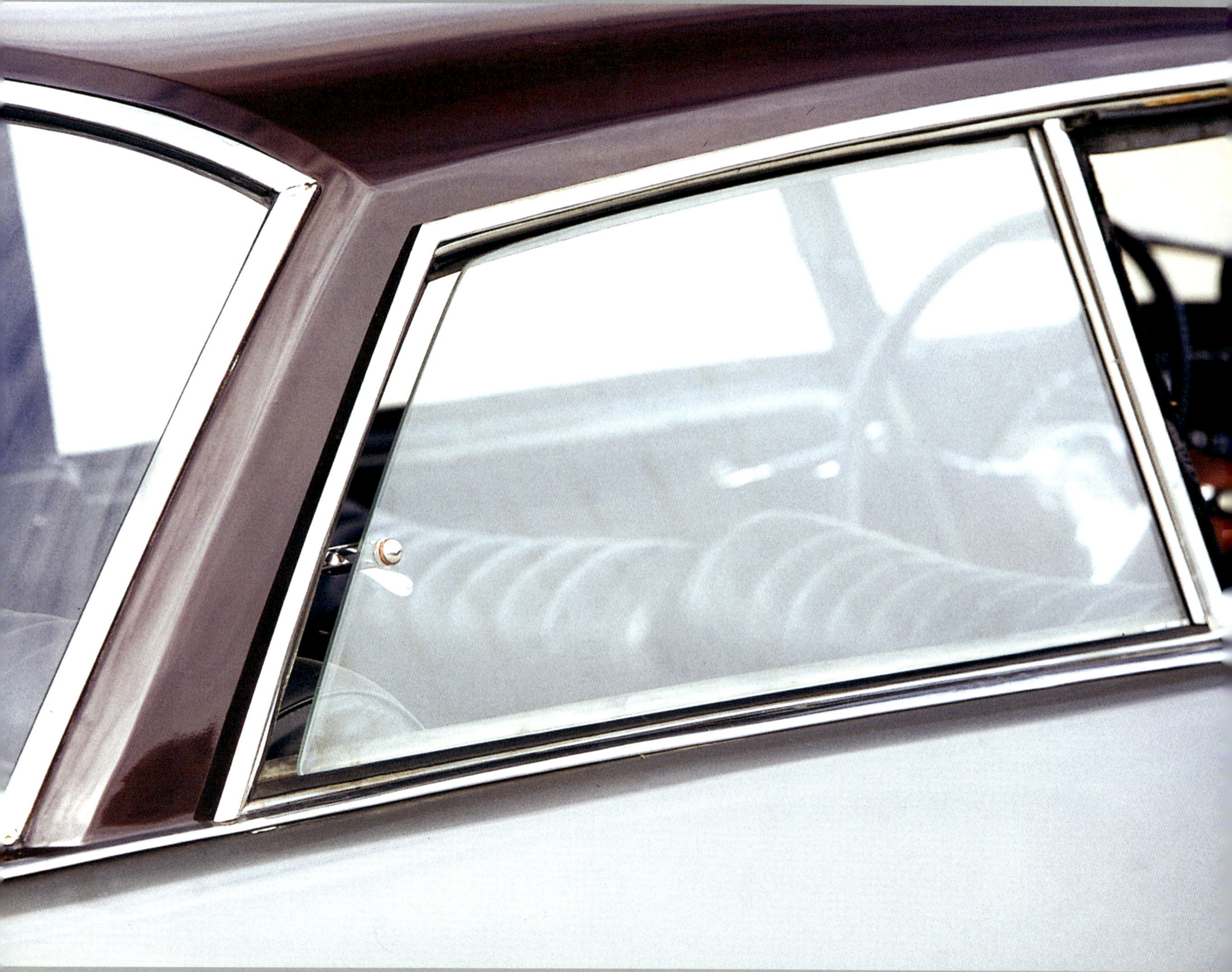

DS

Chapron-Coupés 1958–1972

Außer für den sportlichen Wettbewerb bietet Citroën niemals DS oder ID mit festem Dach als Zweitürer an. Dabei kann der Gedanke an solche Typen reizvoll sein, und tatsächlich hat das Werk einige Prototypen gefertigt – ohne Folgen. Wieder ist es Chapron, der die Idee verfolgt, und seine Interpretation des Themas anbietet. Im Übrigen eine sehr naheliegende Vorgehensweise, da das Cabriolet ja bereits existiert. Man muss nur jenem – welche Ironie – ein festes Dach aufsetzen...

KAPITEL 10

Von Paris bis zum Concorde

Analog zu den offenen Versionen liefert Chapron zwei verschiedene geschlossene Coupés, einen 4/5-Sitzer und eine 2+2-Sitzer. Das erste folgt direkt der Fährte des Cabriolets La Croisette und macht dessen stylistische Wandlungen mit. Genannt Coach Le Paris weist dieses Coupé die gleichen Hintertüren und Kotflügel mit ihrer merkwürdigen „Demarkationslinie" auf, die bald mit Chrom verhüllt wird. Das Dach des Le Paris hat eine schwierige, ja fast komplizierte Form, da der Seitenpfosten unten nach vorne schwingt, genau entgegengesetzt zur Linie des Rückfensters. Nicht sehr elegant diese Lösung, was durch die Zweifarbigkeit (Karosserie ein Farbton, das Dach ein anderer) immerhin abgemildert wird. Binnen zwei Jahren leisten sich nur neun Käufer dieses Auto, das es sogar auch als ID gibt.

Im Jahr 1960 ersetzt der Coach Concorde den Le Paris. Die Namensänderung ist vor allem Zeichen für eine neue, weitaus elegantere Dachlinie. Diesmal ruht das feste Dach auf breiten Seitenfenstern, die von schmalen Eckpfosten hinten eingefasst werden. Die Hinterkotflügel aus einem Teil beginnen bei den Türen. 1965 erhalten auch die Concorde die gleichen Änderungen wie die offenen Chapron-Wagen, das heißt angedeutete Heckflossen. Im gleichen Zuge erhöht Chapron die hintere Dachlinie, was mehr Kopffreiheit schafft. 38 Concorde werden bis 1967 gebaut. Ab 1966 steht mit dem Coupé Le Léman (nach dem Genfer See benannt) ein Nachfolger bereit.

Das Concorde-Coupé Chaprons in seiner „Heimat", auf der Pariser Place de la Concorde.

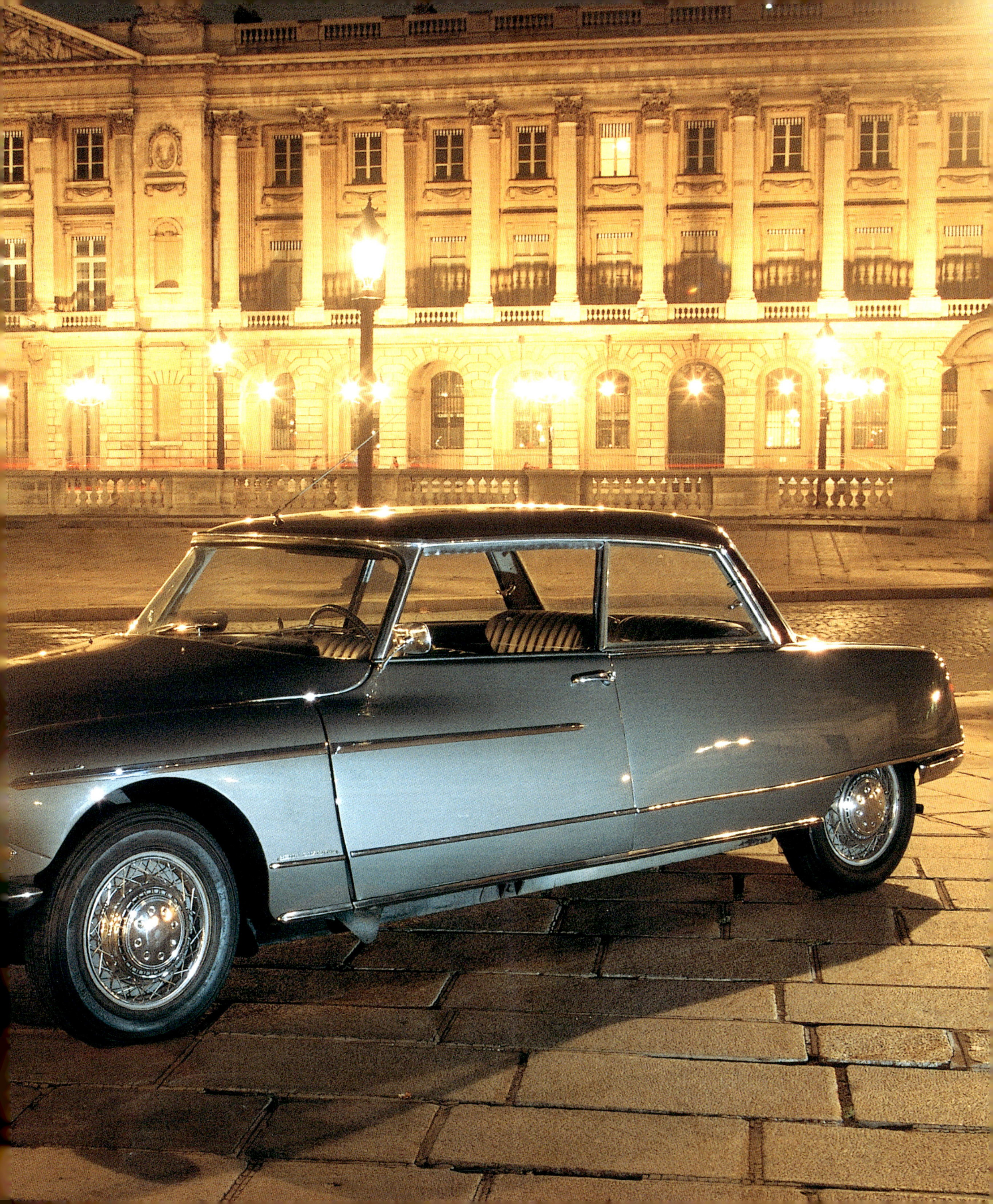

Die runden Export-Rücklichter der Cabrios findet man auch an den Chapron-Coupés. Knapp 40 Stück werden von 1960 bis 1967 gebaut.

Nicht schön?

Seinen Taufnamen verdankt das neue Coupé seiner Präsentation auf dem Genfer Salon. Von vornherein mit den hohen Hinterkotflügeln ausgestattet zeigt der Le Léman ein nach hinten viel schräger abfallendes Dach als der Concorde bei gleicher Finesse. Dank seiner ausgewogenen Linie wird das Modell mit 25 verkauften Exemplaren eine ordentliche Karriere erleben, zumindest für eine Chapron-Konstruktion. Drei verschieden Le Lémans-Typen gibt es insgesamt, das erste vom Frühjahr 1966, das zweite mit neuer Front ab Herbst 1967 und schließlich ab 1972 noch einmal modernisiert durch ein gerade abgeschnittenes Heck, das manche für wenig elegant halten.

Die genannten Coach-Versionen sollen vier Personen Platz bieten, was häufig ein etwas zu hohes oder leicht zu langes Dach erfordert. Daher die Idee, ein eleganteres 2+2-sitziges Coupé zu schaffen, eine Rolle, die der Le Dandy von 1960 bis 1968 übernimmt. Vom wirtschaftlichen Gesichtspunkt her wird der Le Dandy zum Erfolg, denn es werden insgesamt 50 Exemplare gebaut. Dabei ist das Coupé weit entfernt davon, Chaprons eleganteste Creation zu sein. Mit seinem Aussehen eines 2+2-sitzigen Cabriolets, das ein Hardtop bekommen hat, zeigt der Le Dandy unausgewogene Linien mit im Vergleich zum Vorderteil viel zu langen hinteren Kotflügeln. Die Hinzufügung der Heckflossen betont ab 1965 das Heck optisch noch mehr, 1967 kommt die neue Front auch hier zum Einsatz, bevor das Coupé 1968 ausläuft.

Ab Modell 1965 bietet der Concorde den Hinterbänklern mehr Kopffreiheit.

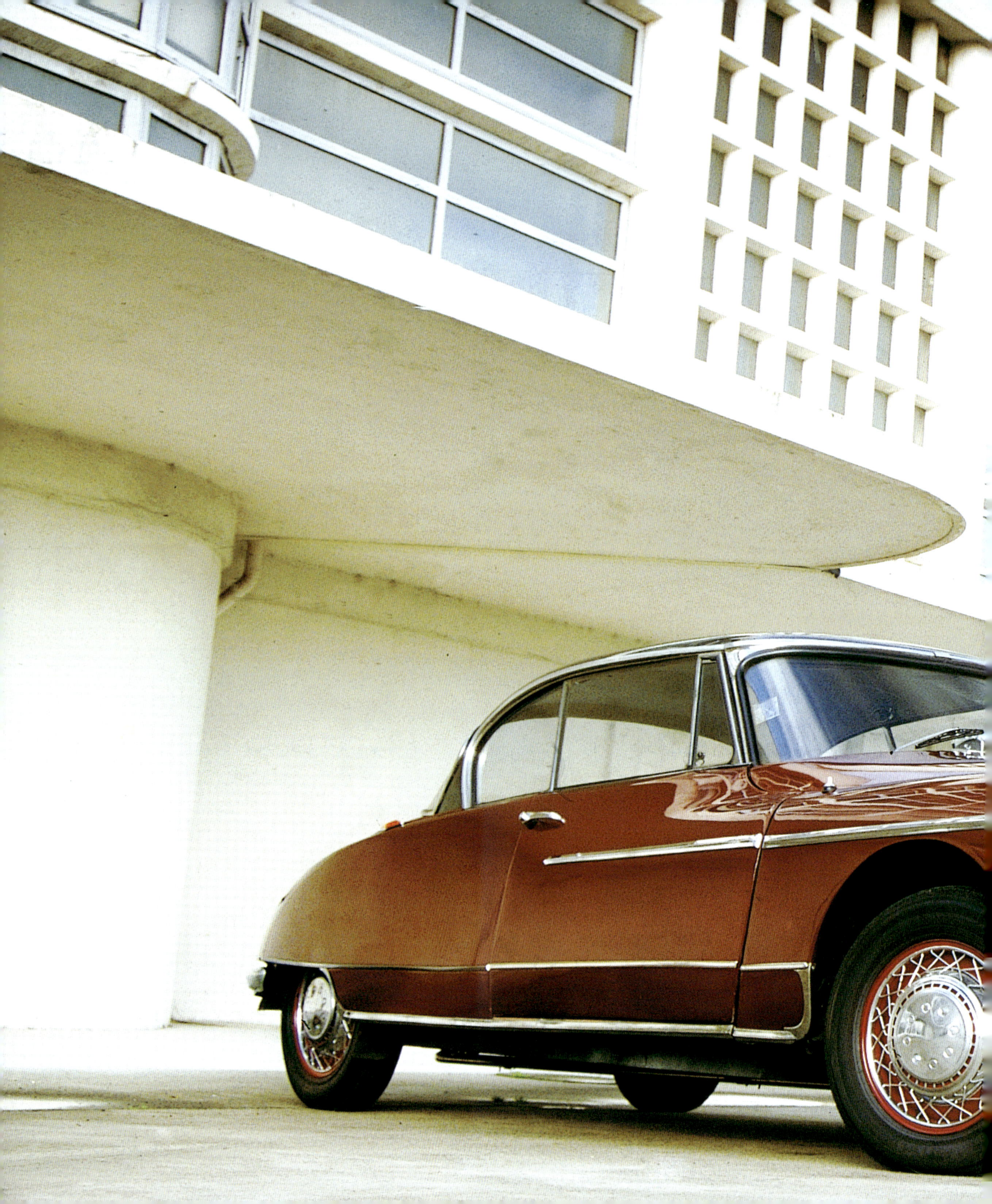

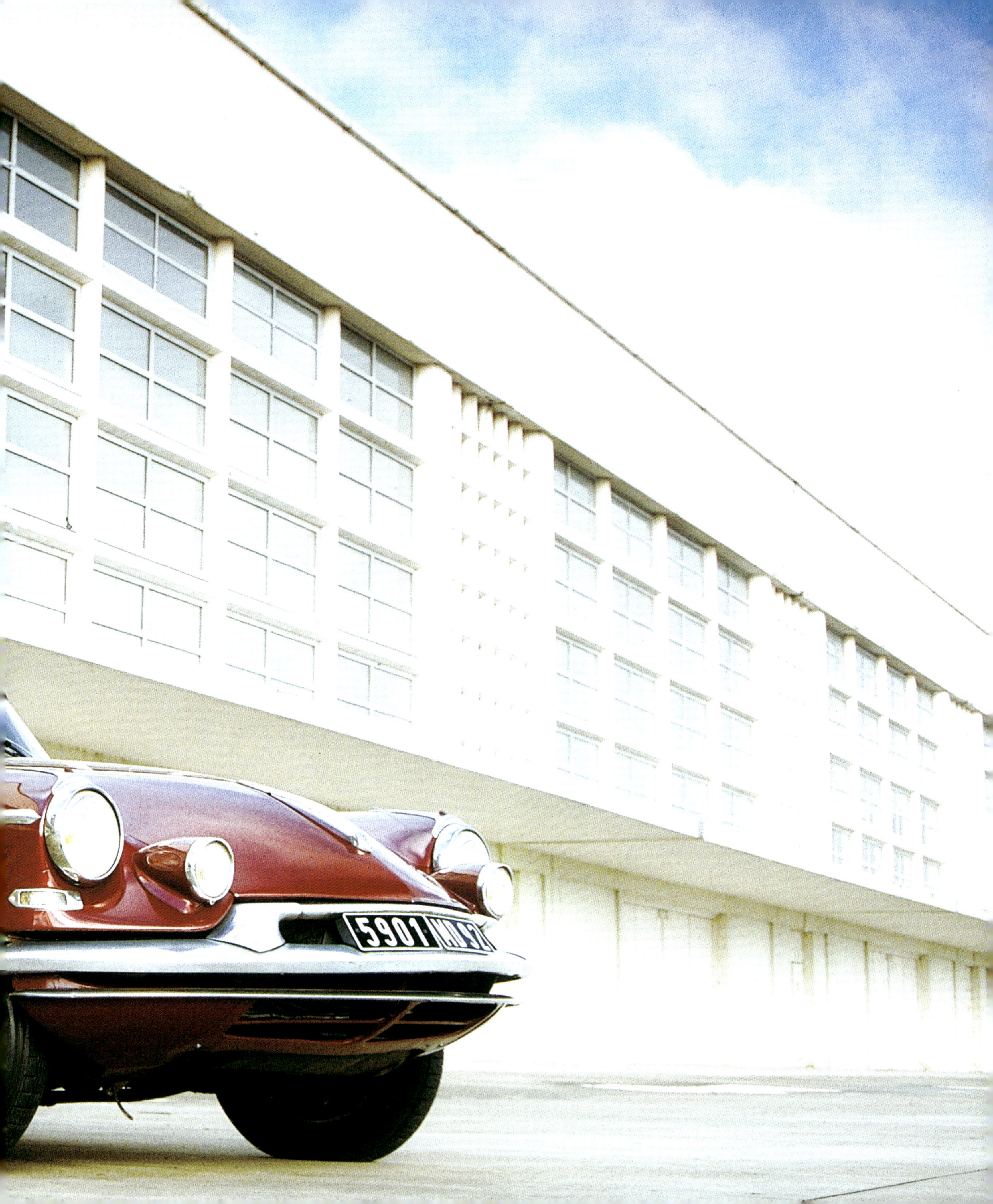
5901

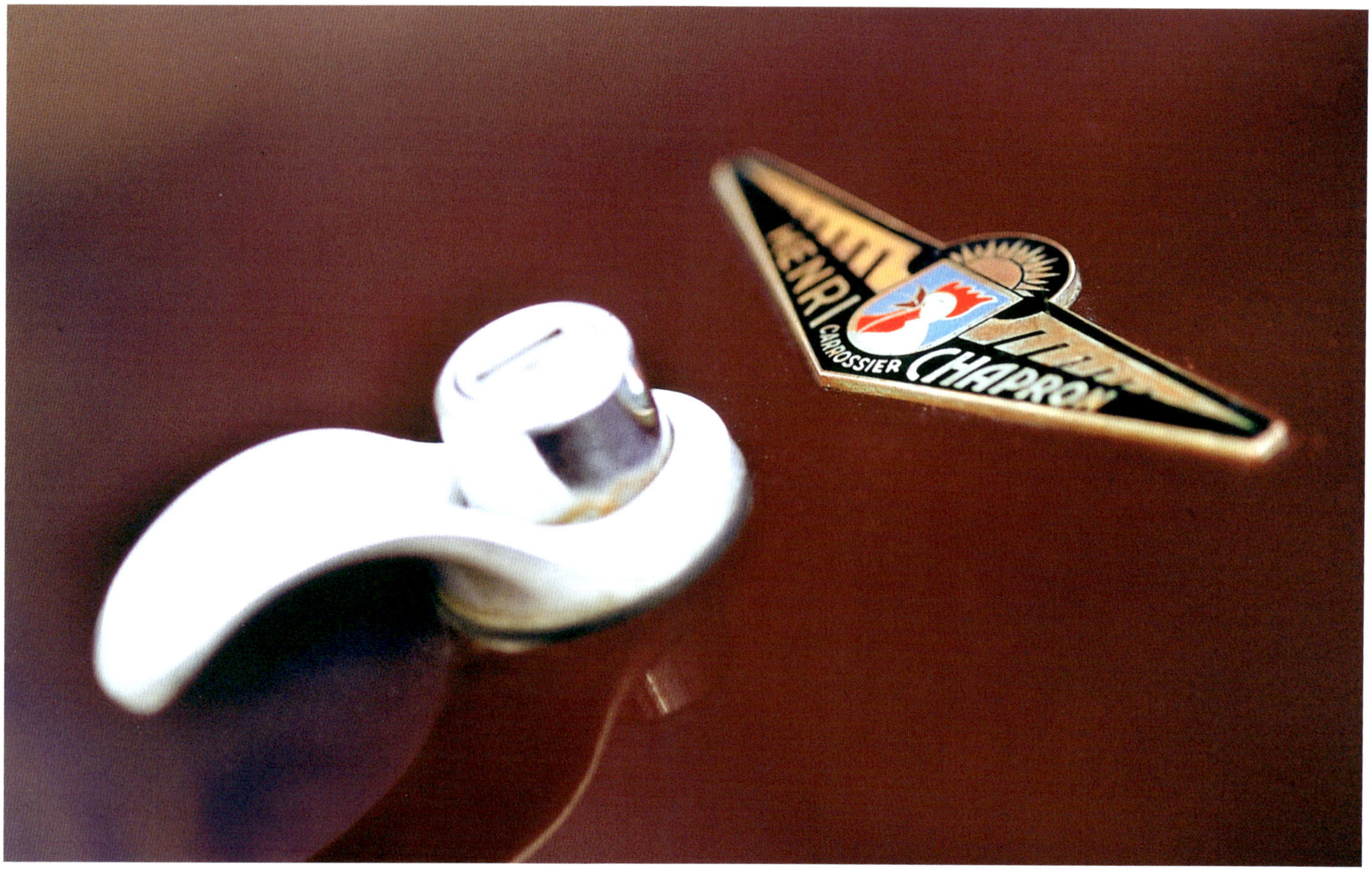
HENRI
CARROSSIER
CHAPRON

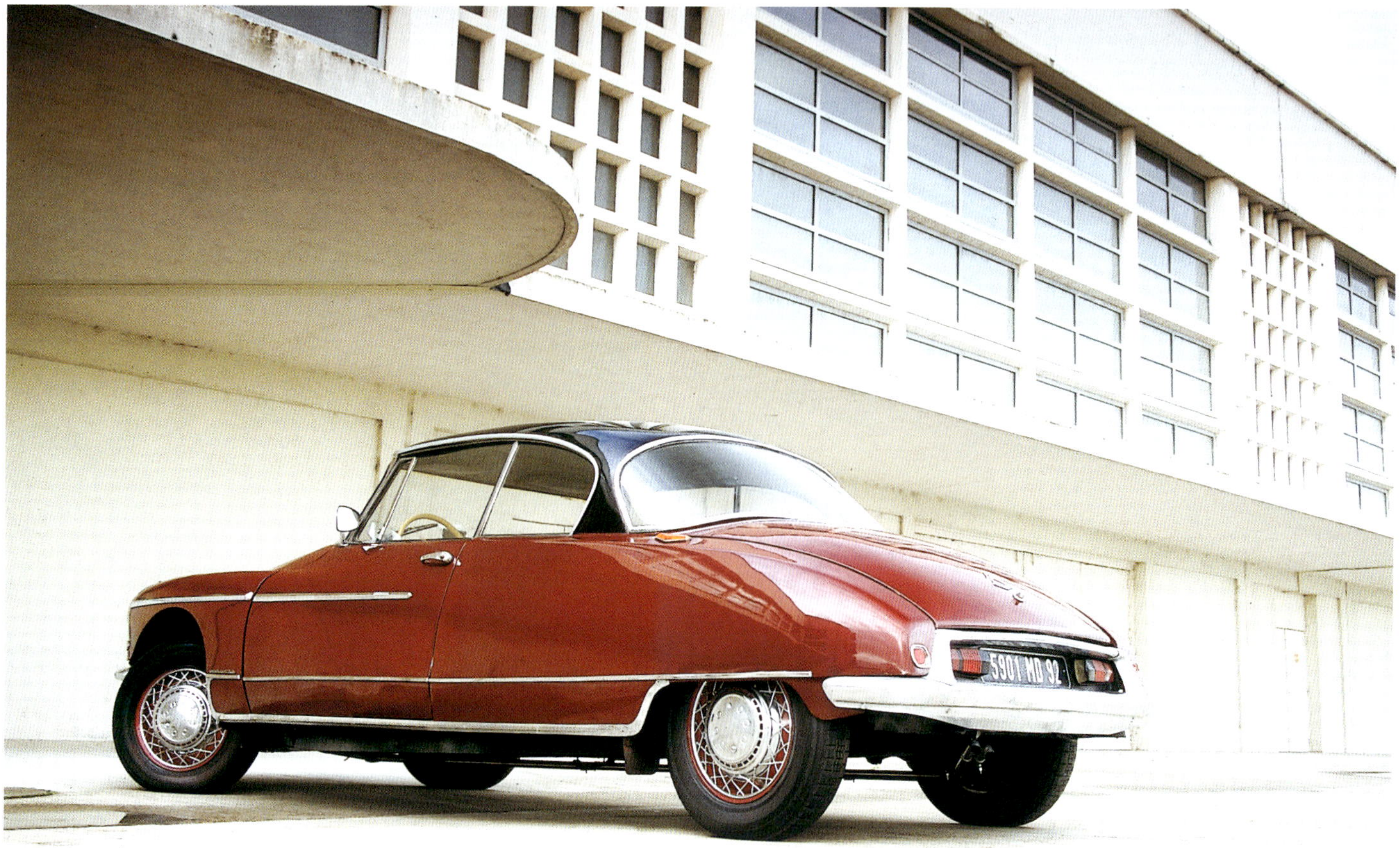
5901 MD 92

Nicht nur die erste Ausführung eines Coupés von Chapron auf D-Modellbasis, sondern auch noch die rare Ausführung ID19 (nicht DS19). Von den neun produzierten Le Paris sind heute nur noch drei bekannt. Einzig dieses Fahrzeug steht noch auf seinem (rostanfälligen) Originalchassis und wurde aufwändig von seiner später umgebauten zweiten Front auf den Auslieferungszustand „rückgerüstet".

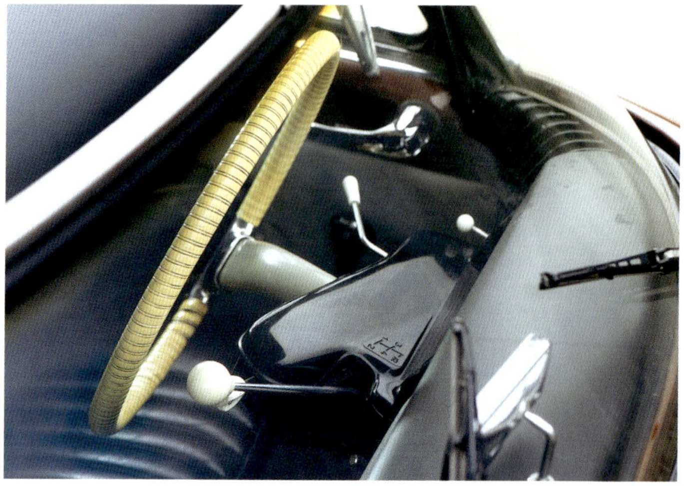

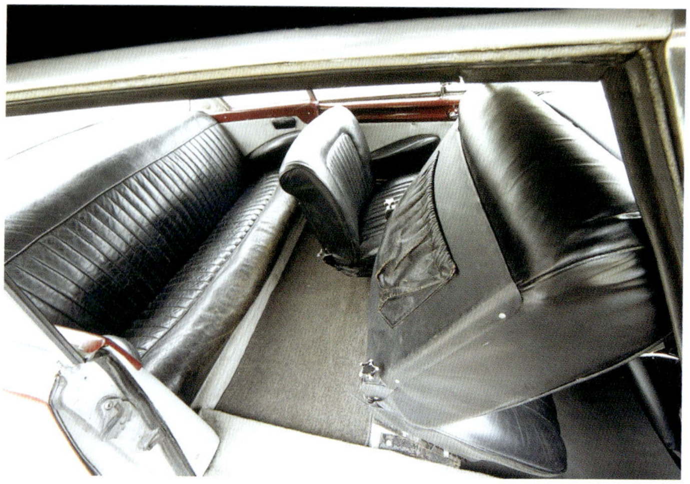

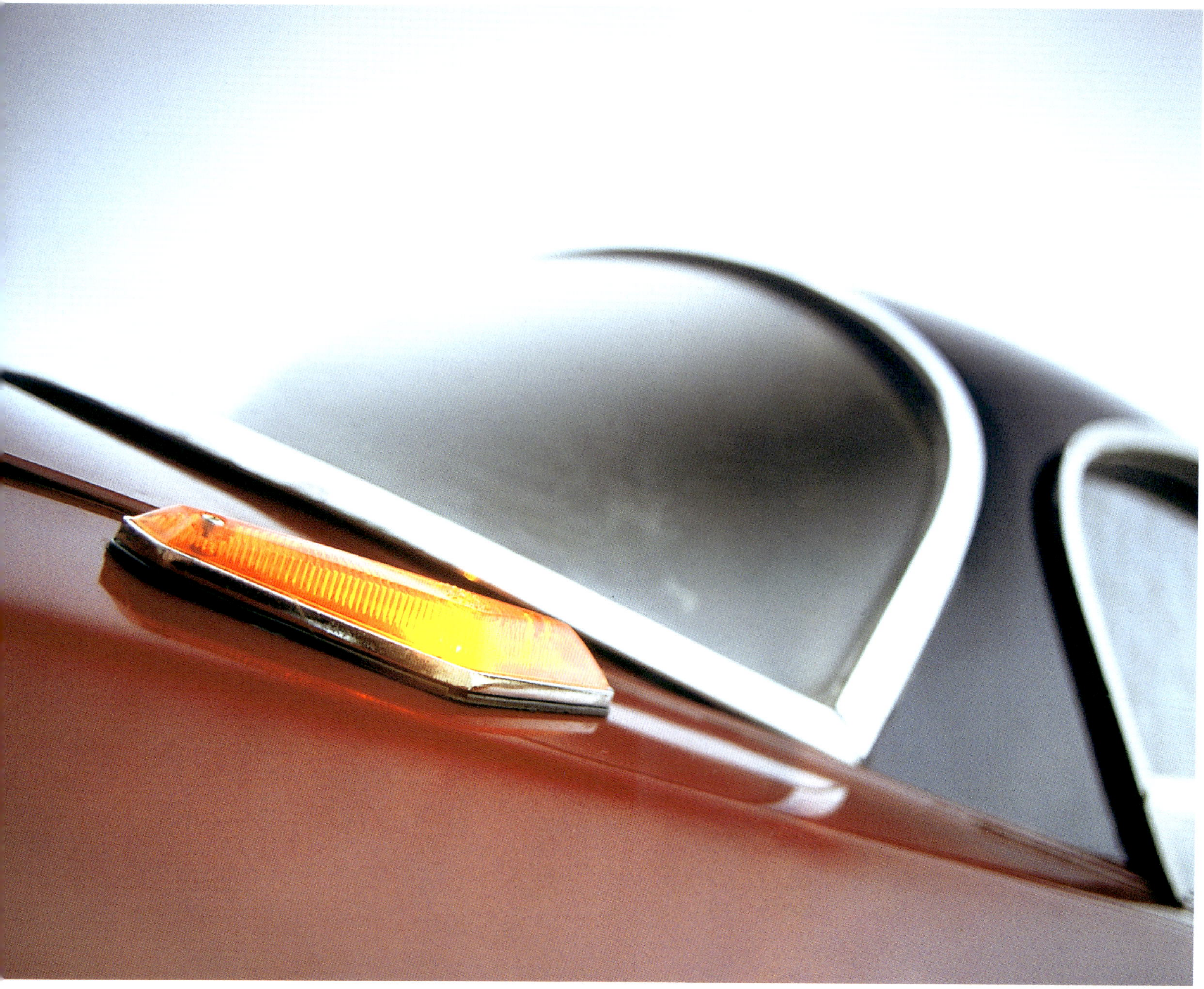

129

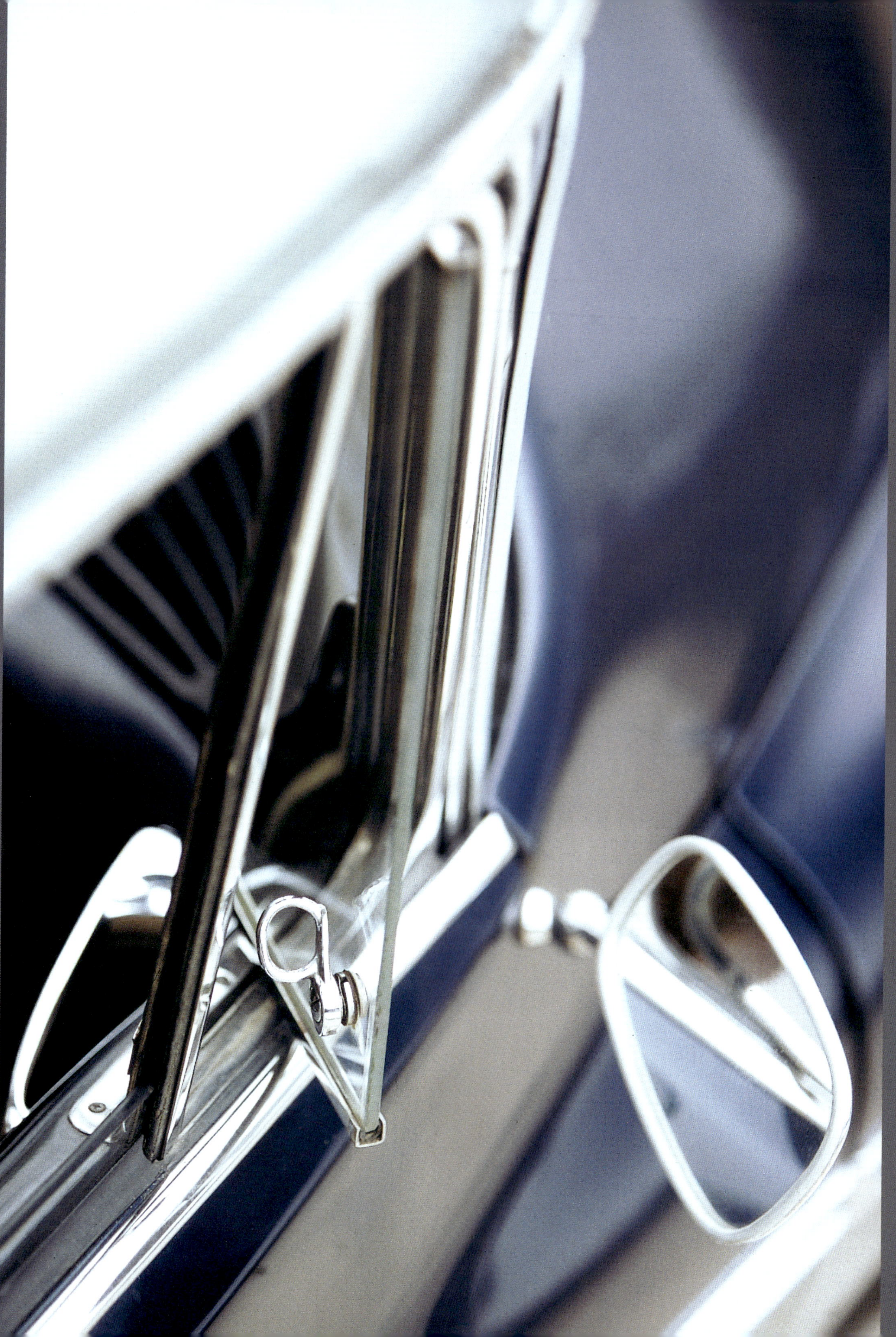

DS

Chapron-Limousinen 1964–1974

Nachdem Henri Chapron mit Hersteller Citroën bei der Schöpfung des Serien-Cabrios zusammengearbeitet hat, nachdem er seine eigenen Cabriolets und Coupés verwirklich hat, kennt er nur noch eine Versuchung: Seine eigene Vorstellung einer DS-Limousine umzusetzen. Ein höchst gewagtes Unternehmen, denn wie soll er die klare Reinheit der berühmten Linien des Entwurfs von Flaminio Bertoni übertreffen? Tatsächlich ist dies eine unmögliche Aufgabe und die Chapron-Limousinen haben ästhetisch auch nie mit den Serien-DS konkurriert. Andererseits konnten die DS-Limousinen des Carrossiers aus Levallois mit ihrer hochwertigen Ausstattung stets eine eigensinnige reiche Klientel verführen.

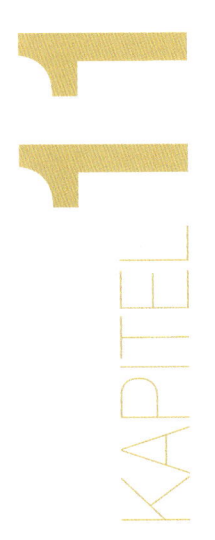

KAPITEL 11

Dreyfus's Auto

An die schwierige Aufgabe macht sich Chapron nur zögernd: Seine eigene DS-Limousine Majesty wird im Herbst 1964 für den 1965er Jahrgang vorgestellt. Daher zeigt sie auch von Anfang an die Heckflossen-Kotflügel. Die flüssige Linie des Serienvorderteils, die schon bei den Cabrios und Coupés schwer mit diesem amerikanisierten Hinterbau harmonisiert, wird beim Majesty noch mehr gestört. Sein Dach, das die vier Türen überragt, endet zu hoch in einer sehr eckigen Abschluss-Partie, man hätte es nur schwierig hässlicher machen können. Doch auf speziellen Wunsch des Bankiers Dreyfus schaffte Chapron selbst das: Die Hintertüren der Dreyfus-DS waren hinten angeschlagen, für einen breiteren Einstieg erhielten sie eine sehr schräge aber unschön anzusehende Vorderkante, und das eh schon eckige Dach wurde nochmals erhöht!

1967 wurde die Front des Majesty analog zur Serie modernisiert, 1969 machte er nach 27 verkauften Wagen Platz für den Nachfolger Lorraine. Jener war noch weniger ästhetisch gelungen. Seine Linie wird dem (zum Glück wenig bekannten) Designer Paul Colinet zugeschrieben, der auch am Entwurf des ebenfalls bei Chapron gebauten überlangen Präsidenten-DS beteiligt war. Kein Zweifel, dass der Entwurf für den Elysee-Palast ihn zum Lorraine inspiriert: Ein noch massiveres und eckigeres Dach und ein ebenfalls massives rechteckiges Heck mit geradem Steilheck als Abschluss. Von der DS Lorraine werden 20 Fahrzeuge verkauft.

Eine DS-Limousine in Chapron-Version. Beim Majesty verschwinden auch so DS-typische Details wie die rahmenlosen Türscheiben oder die geschwungene Dachpartie, die mit Heckfenster und Kofferraum beim Bertoni-Entwurf eine Einheit bildet. Bei Chapron bestimmt hingegen massige Eckigkeit und barocker Chromschmuck das Bild.

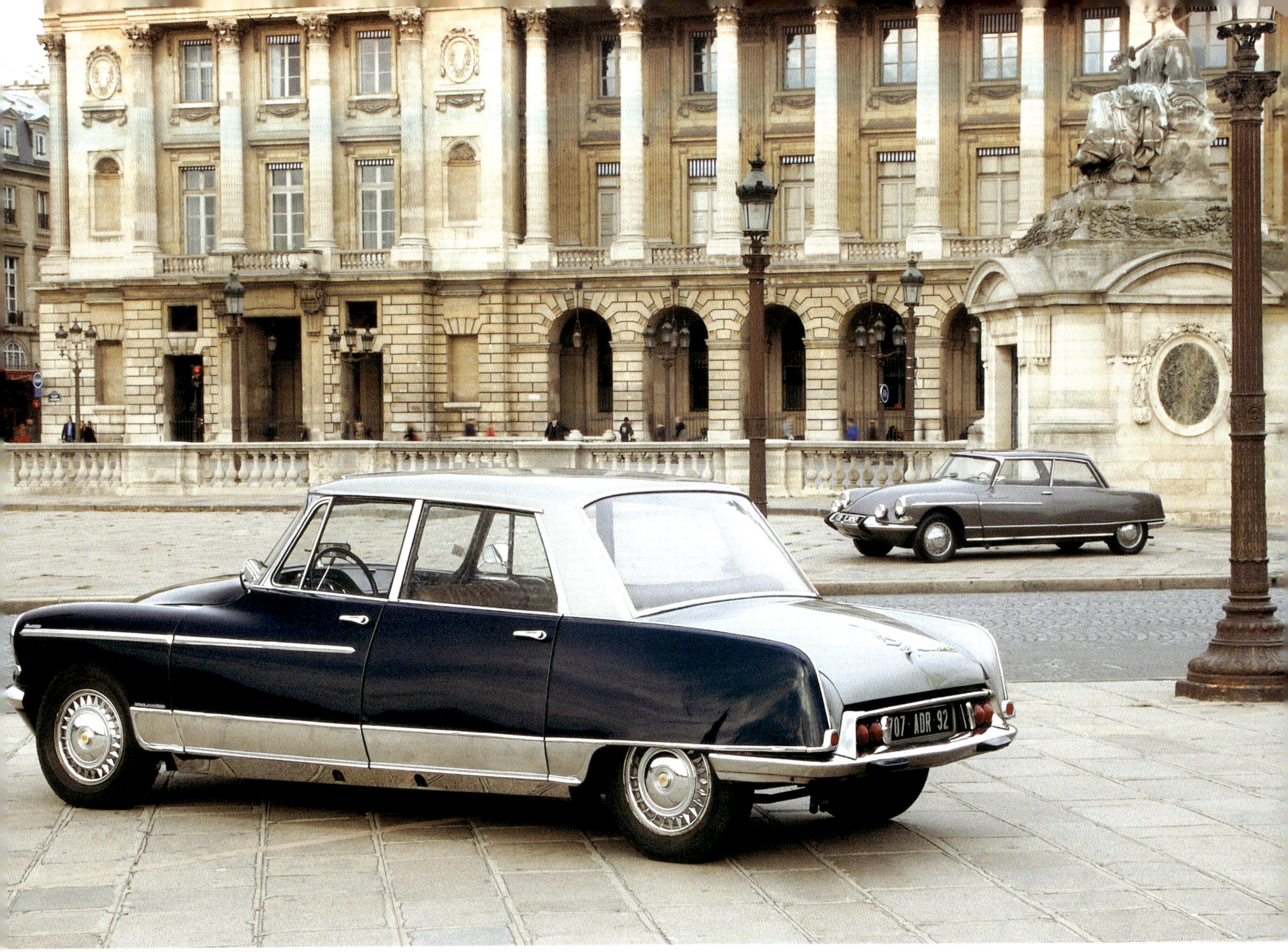
707 · ADR · 92

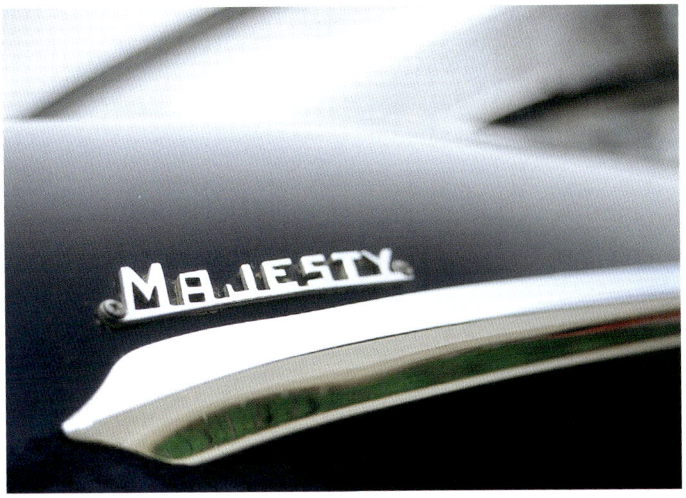
MAJESTY

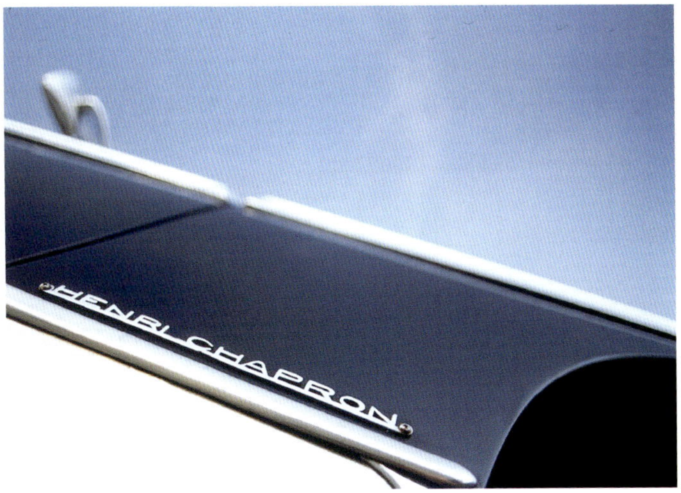
HENRI CHAPRON

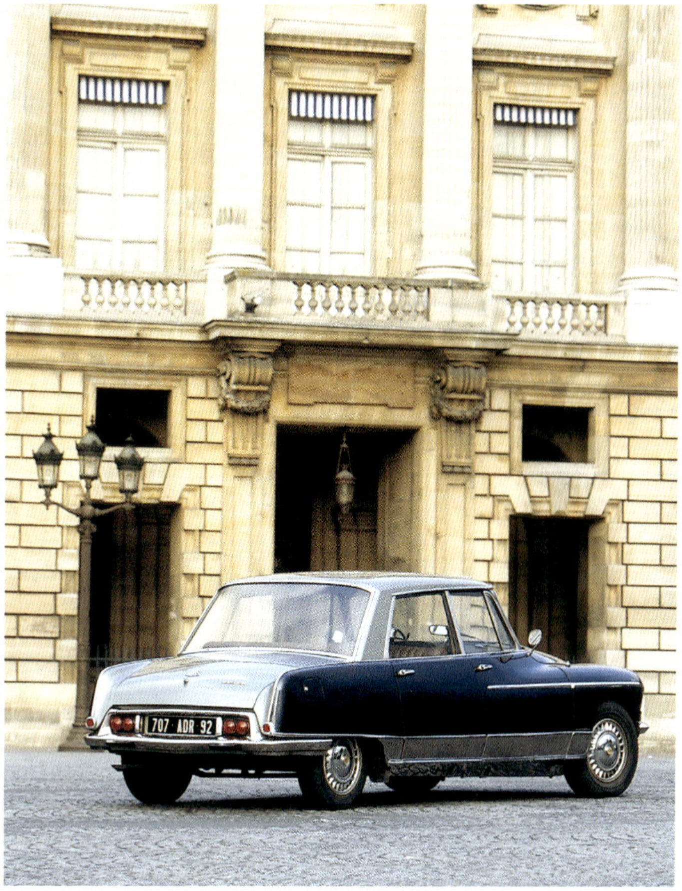
707 ADR 92

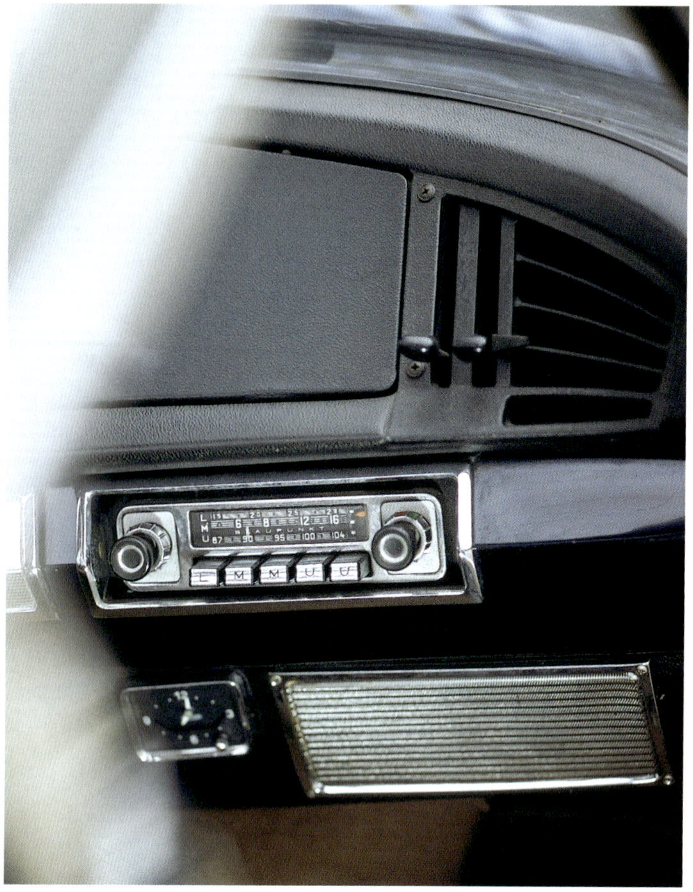

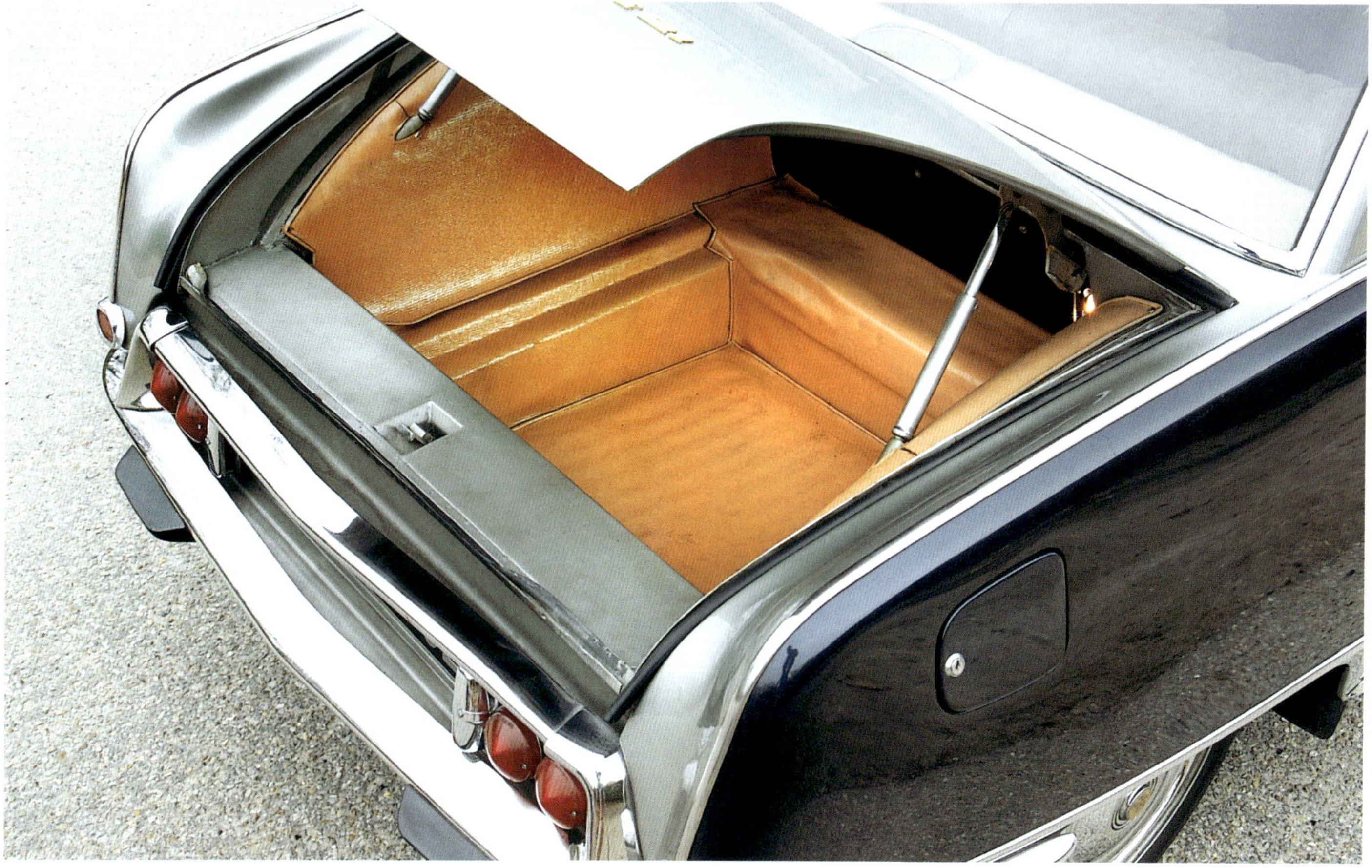

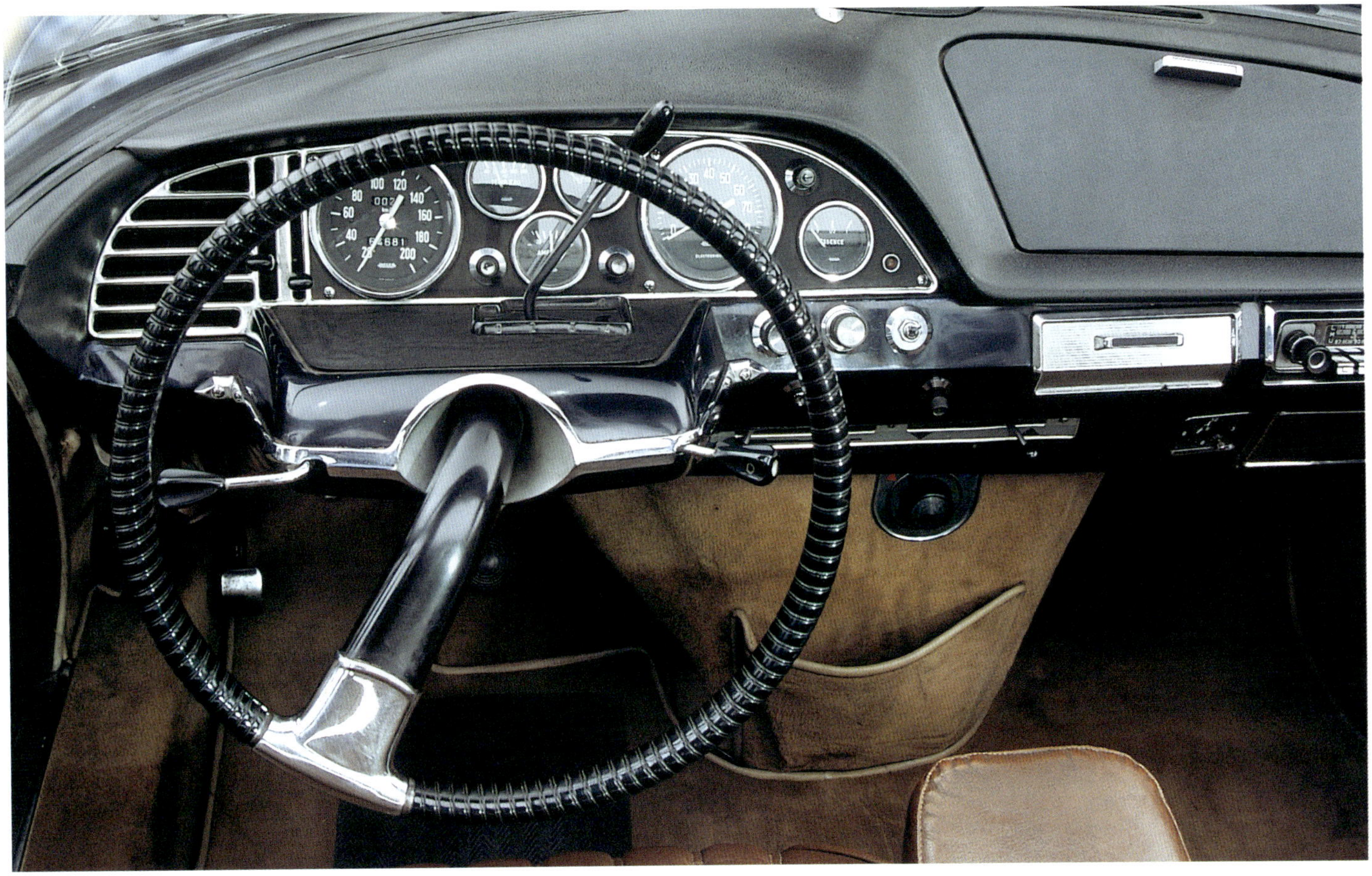

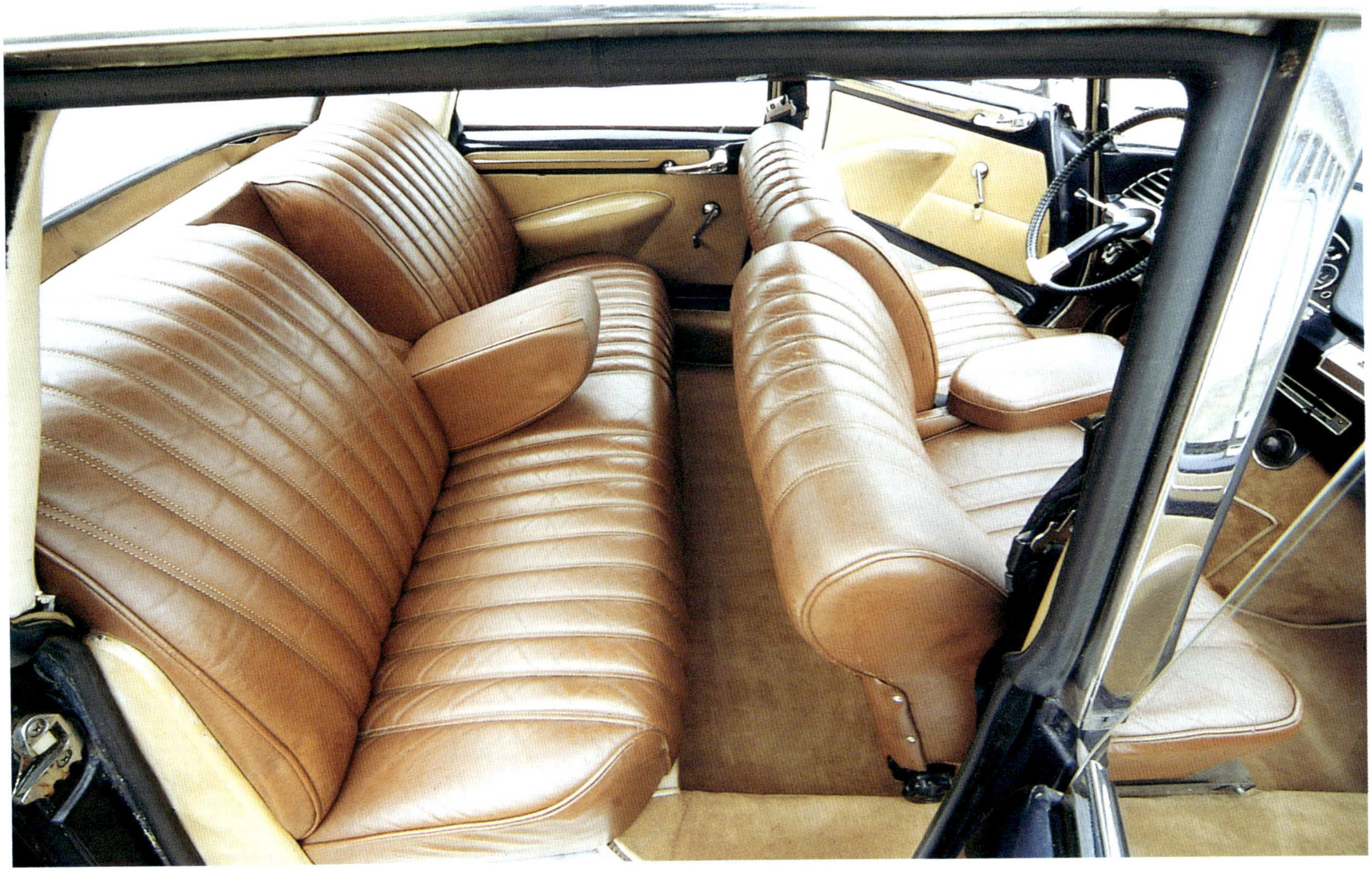

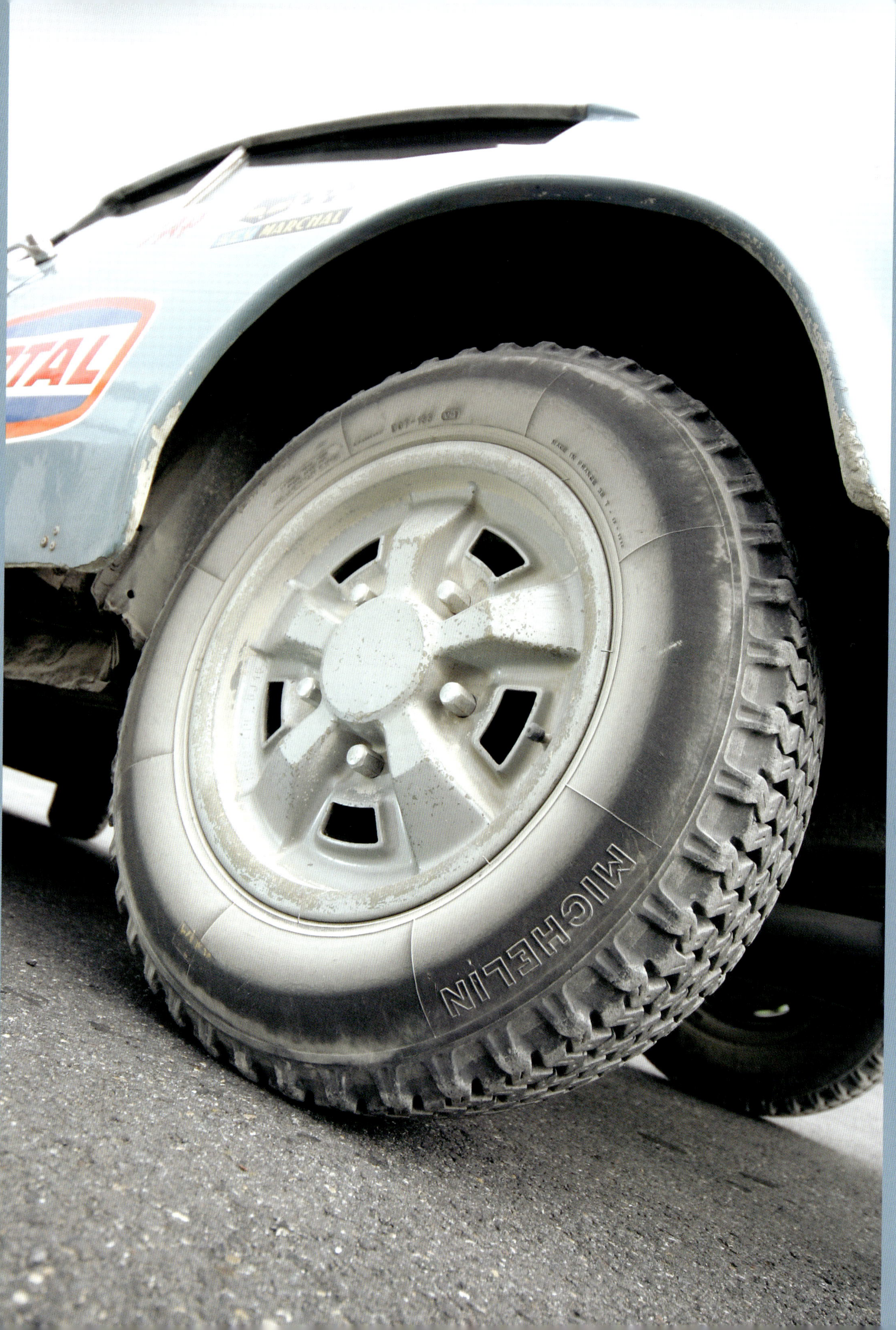
MARCHAL
MICHELIN

DS

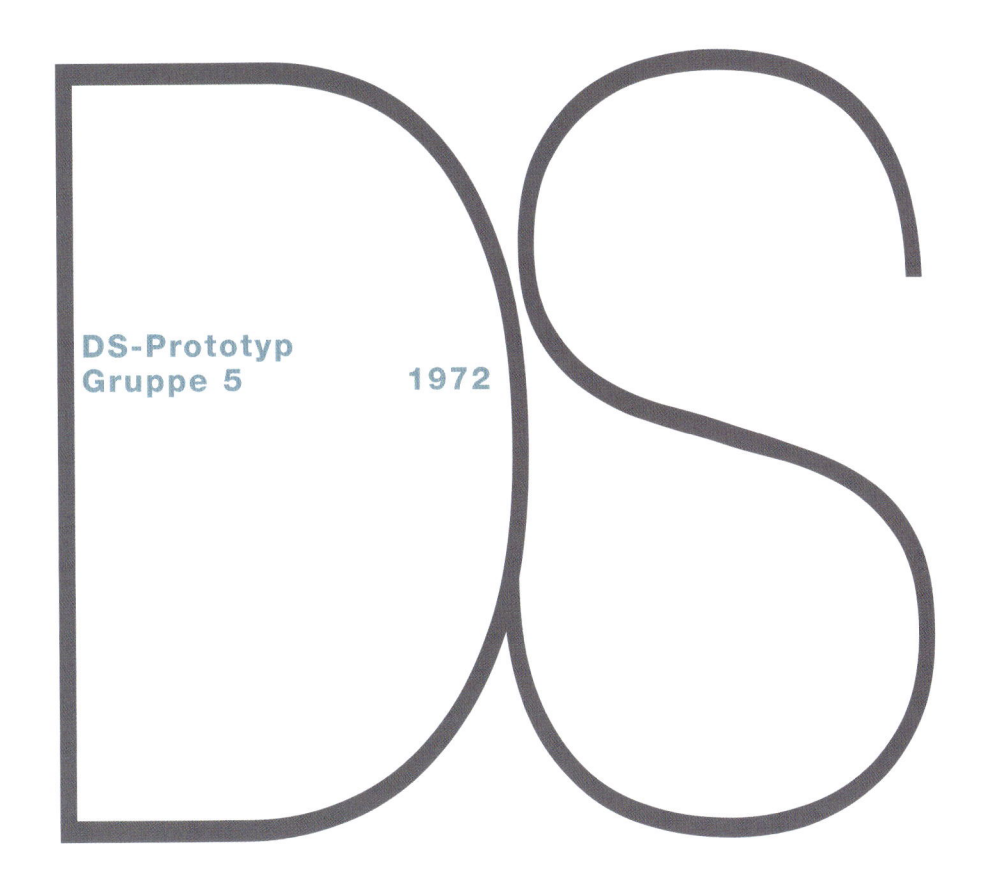

DS-Prototyp
Gruppe 5   1972

Die DS brilliert fast vom Anfang ihrer Produktion an in Wettbewerben. Dabei hat Citroën seinerzeit weder eine Sportabteilung noch Werksfahrer. Es sind Privatiers, welche die Erfolge einfahren. Schrittweise engagiert sich der Hersteller im eigenen Namen, um schließlich einen echten Rennwagen als Einzelstück auf verkürztem Chassis zu konstruieren. Homologiert in der Gruppe 5 steht diese sehr spezielle DS nicht häufig am Start, sie startet leider viel zu spät in die Rennszene.

KAPITEL 12

Zuerst die Limousine

Die DS wird seit ihren ersten Tagen bei Rallyes eingesetzt. Wie Dominique Pagneux in seinem Werk *La DS de mon père* erwähnt, findet man bereits die Spuren einer Teilnahme an der Rallye Monte Carlo 1956 (das Auto war erst im Herbst 1955 vorgestellt worden), die mit einem siebten Platz im Gesamtklassement endet. Auch die finnische Rallye Rikspo Kalen sieht im Jahr 1957 drei DS, die sich auf den ersten drei Rängen platzieren. Meist ist Citroën in keiner Weise für diese Erfolge verantwortlich, denn sämtliche Fahrzeuge sind von Privatfahrern engagiert. Als Paul Coltelloni sogar 1959 mit seiner ID19 die Rallye Monte Carlo gewinnt, fährt er diesen Sieg für das Team Paris-Île de France ein, das von einem anderen Fahrer geleitet wird. Dieser hat seinerseits bereits einige Auszeichnungen erhalten: René Cotton. Der werbewirksame Sieg bringt schließlich die Herstellerfirma vom Javel doch dazu, sich für den sportlichen Wettbewerb mit der DS zu interessieren, denn Konkurrent Simca, Sieger nur in einer bestimmten Hubraumklasse, wirbt im großen Stil mit diesem Resultat, ganz so, als habe man die gesamte Rallye gewonnen.

Das ist zuviel für Kommunikationschef Jacques Wolgensinger, der es schafft, der Firmenleitung ein Budget für René Cottons Rennstall zu entlocken. Ab jenem Zeitpunkt (1960) fahren die ID, die man im Rallye-Einsatz wegen ihrer mechanischen Getriebe oft bevorzugt, sowie die DS mit schöner Regelmäßigkeit Erfolge bei allen wichtigen europäischen Rallyes ein. Bis 1963 fahren Piloten wie Coltelloni, Marang, Neyret, Ogier, Terramorsi oder Trautmann mit den DS-Limousinen derart zahlreiche

Für den konsequenten Sporteinsatz gebaut ist die Heckpartie dieser DS freilich wenig ästhetisch geraten. Abgesenktes Dach und verkürzter Radstand lassen das Gruppe-5-Fahrzeug deutlich kleiner als eine Serien-DS wirken. Die vom Schwestermodell SM stammenden Kunststofffelgen von Michelin werden gerne für Exemplare aus Aluminium gehalten.

LISBOA
RALLYE TAP
77
VOE
FLY
TAP
TOTAL
MICHELIN
PARIS-RHONE
CIBIE
FERODO
TOTAL

LISBOA
77
TOTAL
F
3280-WG75

CIBIE
LISBOA
77
FERODO
TOTAL

Siege ein, die Citroën sich zufrieden an die Brust heften kann, dass sich René Cotton im Jahr 1964 an der Spitze einer nunmehr gegründeten offiziellen Werks-Rennabteilung wiederfindet. Man muss dennoch bis 1966 warten, um neue große Erfolge zu erleben, allen voran den Gewinn des Gesamtklassements durch Toivonen auf DS21 bei der Rallye Monte Carlo (nachdem der führende Mini Cooper nachträglich wegen seiner Lichtanlage disqualifiziert wurde – auf Betreiben Citroëns!). Das Folgejahr wird zum besten für Citroën, denn die DS/ID triumphieren regelmäßig in allen bedeutenden Wettbewerben. Die Doppelwinkelmarke trägt mit den DS den französischen Konstrukteurs-Gewinn heim, gegen solch unzweifelhaft starke Konkurrenten wie Renault mit den R8 Gordini oder Alpine A110.

Der Prototyp aus der Werkssammlung zeigt noch heute stolz die Spuren seiner Einsätze bei der Portugal-Rallye von 1972.

Dann das Coupé

In der Folgezeit fahren die DS noch etliche Gewinne ein, bei der Rallye Marokko 1970 und der Australien-Rallye 1970 zum Beispiel, aber die Leistungen der Konkurrenten lassen sie langsam zu Dinosauriern werden. Was kann selbst eine DS21 mit oder ohne Einspritzung gegen solch schnelle und agile Konkurrenten wie Alpine A110 1600 S oder Porsche 911 ausrichten? Antworten auf diese Frage geben Fahrer und Tuner wie Ricou, Fredy Roland oder Eric Teissonnière. Sie schreiben sich bei nationalen und regionalen Wettbewerben ein. Zur Verwendung kommen im Radstand verkürzte, erleichterte DS mit entweder durch Bertin-Kompressoren aufgeladenen Maschinen oder gleich mit dem Maserati-V6 des Schwestermodells SM unter der Haube. Derart radikal umgewandelt zum Coupé sind diese DS zwar nicht voll ausgereift, haben manchmal fragwürdig nervöse Fahreigenschaften und sind motorisch nur bedingt haltbar, doch in der richtigen Fahrerhand und wenn die Mechanik durchhält sind ihre Leistungswerte wieder voll auf der Höhe der Konkurrenz.

Citroën geht schließlich den gleichen Weg und übergibt der Rennabteilung einige DS-Coupé-Prototypen, wie man sie am Ende der 60er Jahre für die geheimen Erprobungen der SM-Mechanik verwendet hatte. Daher sieht man ab der Saison 1968 am Start der Spezialprüfungen von internationalen Rallyes eine DS21, die werksseitig in der Mitte zersägt und verkürzt wurde, mit langen Hinterkotflügeln, die große Ausschnitte für die breiten Reifen zeigen. Es handelt sich um eine Version noch mit Einfachscheinwerfern (zweite Front), die man einige Jahre lang erleben kann: Korsika Rallye 1968, Marokko-Rallye 1969, Alpen-Rallye 1969 und so weiter. Im Jahr darauf wird ein zweiter verkürzter DS-Prototyp mit Einfachscheinwerfern an den portugiesischen Fahrer Romaozinho geliefert, der in seinem Land eine tolle Erfolgsliste aufzählen kann. Dieser setzt das Auto bei der portugiesischen TAP-Rallye 1969 ein. 1971 wird ein weiterer Prototyp vorgestellt: Der Radstand ist etwas weniger verkürzt und die DS mit Doppelscheinwerfern zeigt die dritte Frontgestalt. Unter der Haube werkelt der V6 des SM. Bei der Rallye „Neige et Glace" (Schnee und Eis) belegen Bob Wolleck und Michel Delanoy damit den dritten Platz. Bei der „Ronde Hivernal" von Chamonix starten zwei identische DS-Prototypen, am Ende belegt Mazet den dritten, Wolleck den fünften Rang. Ein neuer Coupé-Prototyp verstärkt diese SM-DS bei der 1971er Marokko-Rallye: Basierend auf einer DS-Karosserie mit dritter Front zeigt diese Kurz-DS ein Heck nach Art der Cobra Daytona bzw. des Ferrari 250 GTO. Die Gestaltung dieses Fastback-Hecks ist der Firma Pichon-Parat zu verdanken. Der Renn-Prototyp soll sich bei der Bandama-Rallye 1972 in den erfahrenen Händen von Bob Neyret beweisen: An der Spitze der Gesamtwertung liegend, bei nur noch drei Konkurrenten, die schon wegen Zeitüberziehung ausscheiden, mit nur noch einigen Hundert Metern bis zum Ziel, braucht Neyret nur noch über die Ziellinie zu rollen. Ein Leck in der Hydraulik verhindert dies, sodass die Bandama-Rallye ohne Sieger endet.

Ab diesem Zeitpunkt setzt Citroën nach den jahrelangen Erfahrungen alles auf einen neuen Coupé-Prototyp, der 1972 nach Gruppe 5-Norm erscheint.

Zu spät

Im Gesamteindruck und dem prinzipiellen Aufbau unterscheidet sich die Gruppe 5-DS wenig von den vorherigen Renn-Coupés. Man kann im Unterschied zu diesen nur die SM-Felgen aus Kunstharz bemerken, eine Michelin-Entwicklung für den SM, dazu viele Accessoires wie Scheinwerferschutzgitter, Zusatzleuchen oder Schmutzlappen. Unter der Haube findet man die größte Veränderung, denn der fünffach gelagerte DS-Vierzylinder nimmt bereits den künftigen

DS23-Motor vom Herbst 1972 vorweg. Wird jener 2347 cm³ aufweisen, hat der Prototyp sogar einen Hubraum von 2475 cm³. Beatmet von zwei enormen Doppelvergasern Weber 48 IDA bringt der DS-Motor die Kleinigkeit von 190 PS auf die Rolle. Mit dieser Leistung und der berühmten hydraulischen Federung hätte die DS Gruppe 5 ein wirklich konkurrenzfähiges Rallye-Auto sein können. Doch die Entwicklung von speziell nur für den Rallye-Einsatz konstruierten Fahrmaschinen wie ein Lancia Stratos oder ein Alpine A110 1800, die sich nicht, wie der Citroën, noch weit an die Serie anlehnen, machen alle Hoffnungen gnadenlos zunichte. Am Start der portugiesischen TAP-Rallye 1972 sowie erneut der Bandama-Rallye erfüllt die Gruppe-5-DS die in sie gesteckten Erwartungen nicht.

Das ansonsten seriennahe Armaturenbrett der TAP-DS zeigt etliche Bedienknöpfe mehr als eine Standard-DS.

Typische Rennaccessoires: Rennauspuff, Hosenträgergurte, großer Tank, Ersatzrad mit Spikes usw.

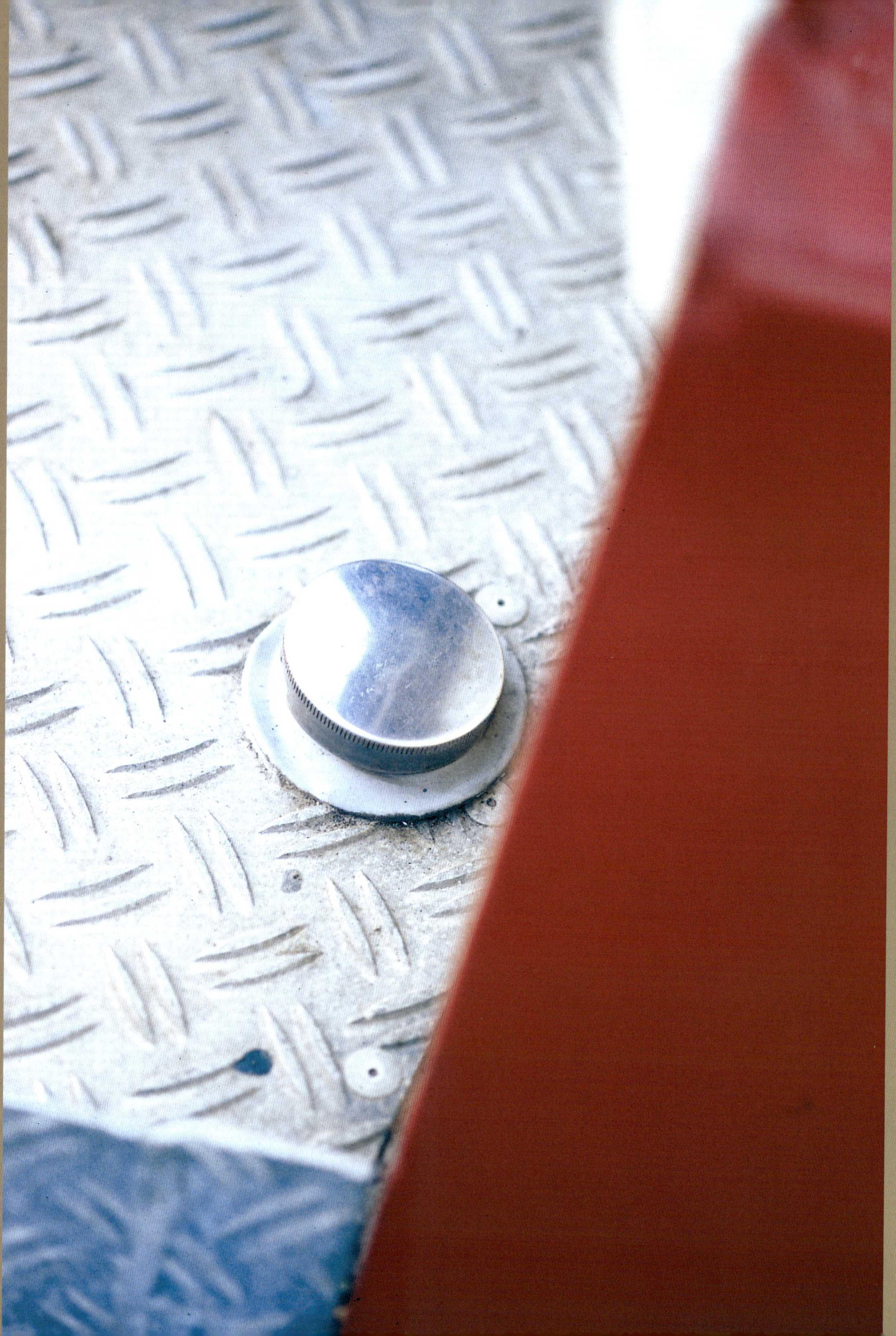

DS

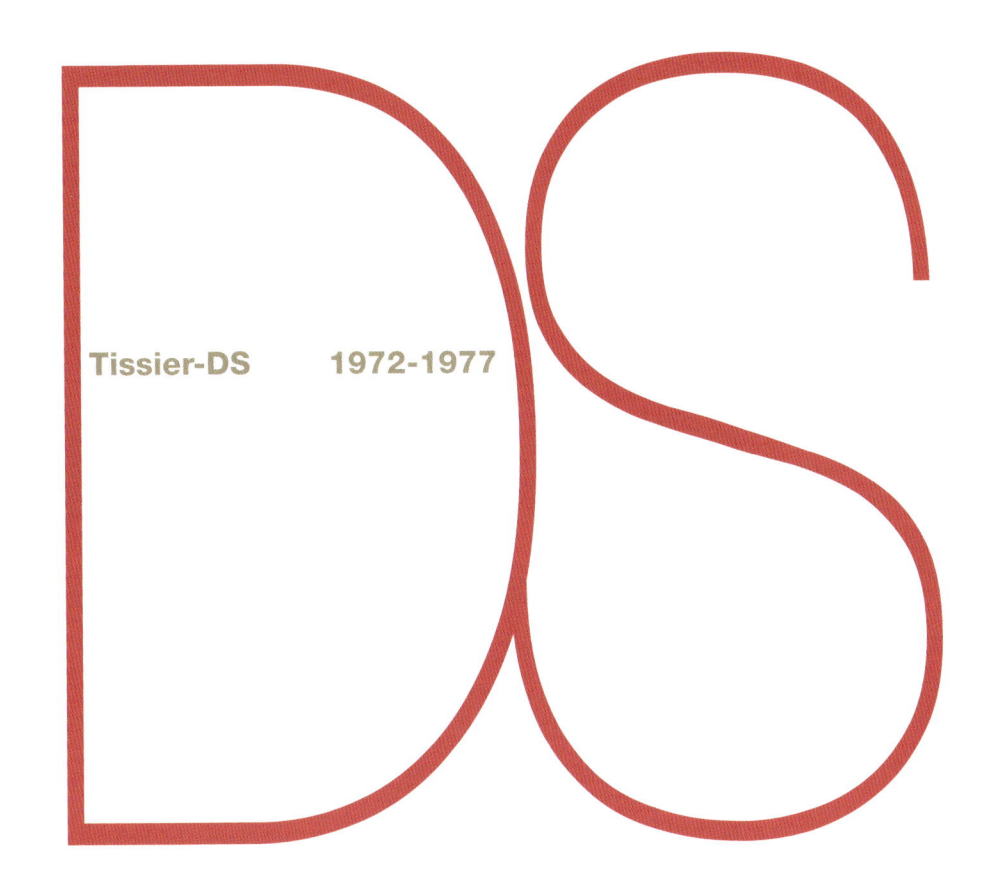

Tissier-DS   1972-1977

Die DS hat häufig das Interesse der Karosseriebauer geweckt. Der bekannteste und am häufigsten beschriebene unter ihnen ist sicherlich Henri Chapron, der, wie wir sehen können, aktiv an der Modellgeschichte teilnimmt und eng mit dem Herstellerwerk zusammenarbeitet. Doch auch andere Karosserie-Handwerker stellen ihre Interpretation der DS vor: Die Firma Boschetti zeigt ein eigenes Cabriolet, Beutler fertigt ein elegantes viertüriges Cabrio, Ricou entwirft einen Rennsportwagen auf Basis der DS-Plattform und -Mechanik. Doch keiner der Genannten kommt jemals auf die Stufe der Kleinserien wie Chapron. Vielleicht sollte man ganz neue Wege gehen? Genau dies tat Pierre Tissier, der in den 70er Jahren eine Serie von beeindruckenden Nutzfahrzeugen auf DS-Basis herausbrachte. Tatsächlich lautet auch heute noch das Firmenmotto Tissiers: „numquam ut ceteris" (niemals wie die anderen)...

KAPITEL 13

Eil-Abschlepper

1960 eröffnet Pierre Tissier eine Werkstatt für Kfz-Mechanik und -Blecharbeiten, im gleichen Zuge wird er Panhard-Vertreter. 12 Jahre später beschließt er, sich einen persönlichen Pannenwagen zu bauen. Es entsteht so ein spektakulärer Abschleppwagen auf Basis einer verunfallten DS-Limousine. Von der DS behält er die komplette Vorderhälfte, aufgeschnitten wird sie auf Höhe der Hintertüren. Hinter den Sitzen für Fahrer und Beifahrer schließt ein einfaches Karosserie-Waffelblech die Kabine ab. Tissier fertigt dann ein enormes Plateau mit 5,20 m Länge und 1,90 m Breite, das er mithilfe von dicken T-Trägern mit dem Vorderteil verbindet. Bis dahin ist alles noch eine „normale" Karosseriearbeit. Doch das Genie Pierre Tissiers besteht darin, die Hydraulikfederung nicht nur beizubehalten, sondern ihr noch eine Zusatzfunktion hinzuzufügen. Der Tissier-Abschlepper weist drei DS-Achsen hinten auf, an denen Mini-Räder der Dimension 145-10 angebracht sind. Die Federzylinder der Hinterachsen werden wie in der Serie von einem mechanisch angesteuerten Höhenkorrektor versorgt, der für den automatischen Niveauausgleich sorgt, doch hier sind Vorder- und Hinterachse getrennt hoch- und herunterstellbar. So kann man mit der Citroën-Zentralhydraulik den Abschleppwagen hinten bis auf den Boden ablassen, was die Beladung erheblich erleichtert.

Um seine Arbeit zu schützen, lässt Pierre Tissier beim INPI, dem staatlichen Institut zum Schutz der französischen Industrie, ein Patent für sein Brems- und Federungssystem eintragen, welches das ursprüngliche Citroën-System bedeutend erweitert. Und da Tissier plant, den Transporter auch auf Kundenwunsch zu bauen, gründet

Lang, länger, Tissier: Mit einer verunfallten DS beginnt bei Pierre Tissier der Bau mehrachsiger Spezialtransporter, der später in CX- und XM-Umbauten gipfelt. Der erste Abschleppwagen wird in der eigenen Werkstatt zum Einsatz kommen.

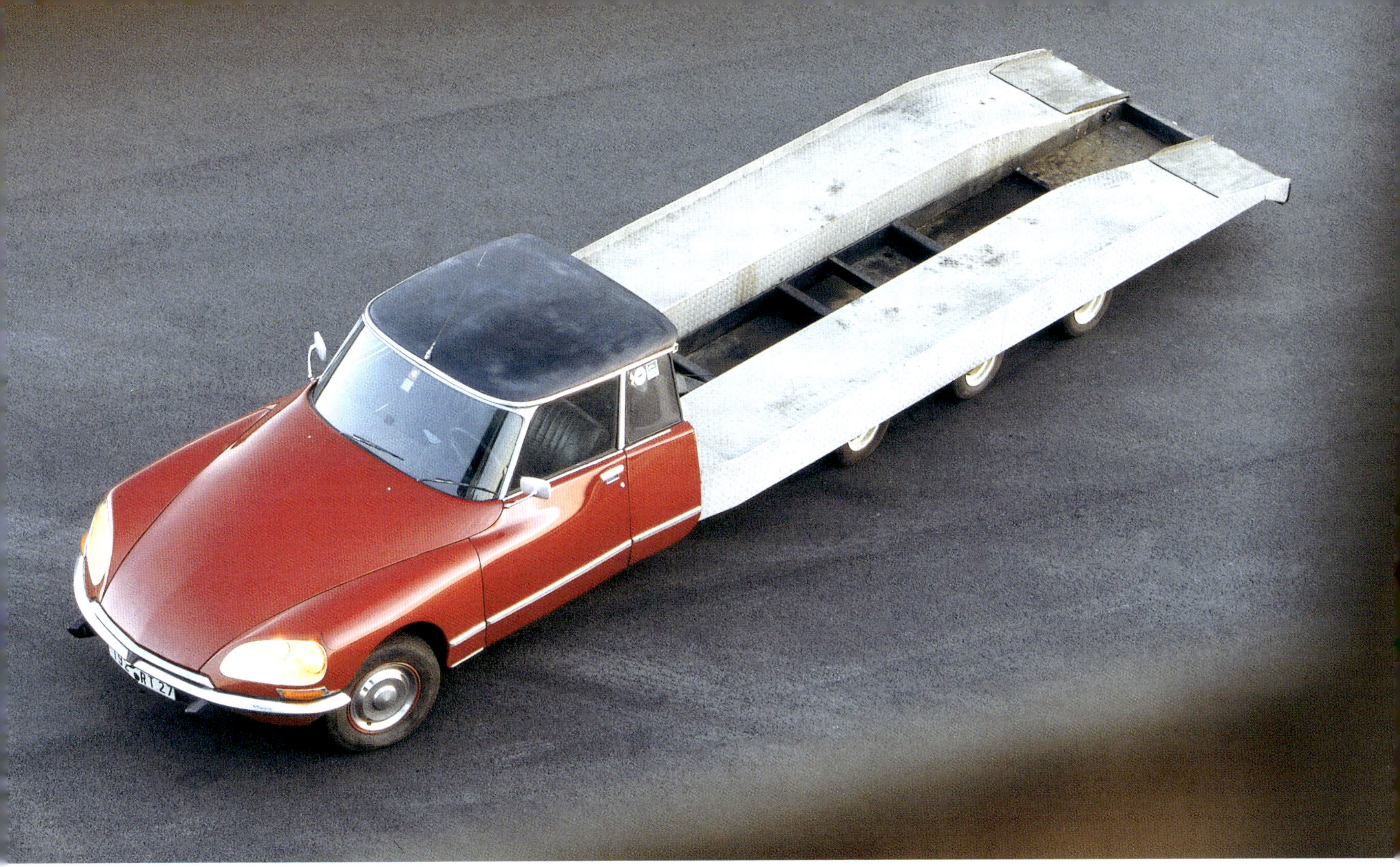

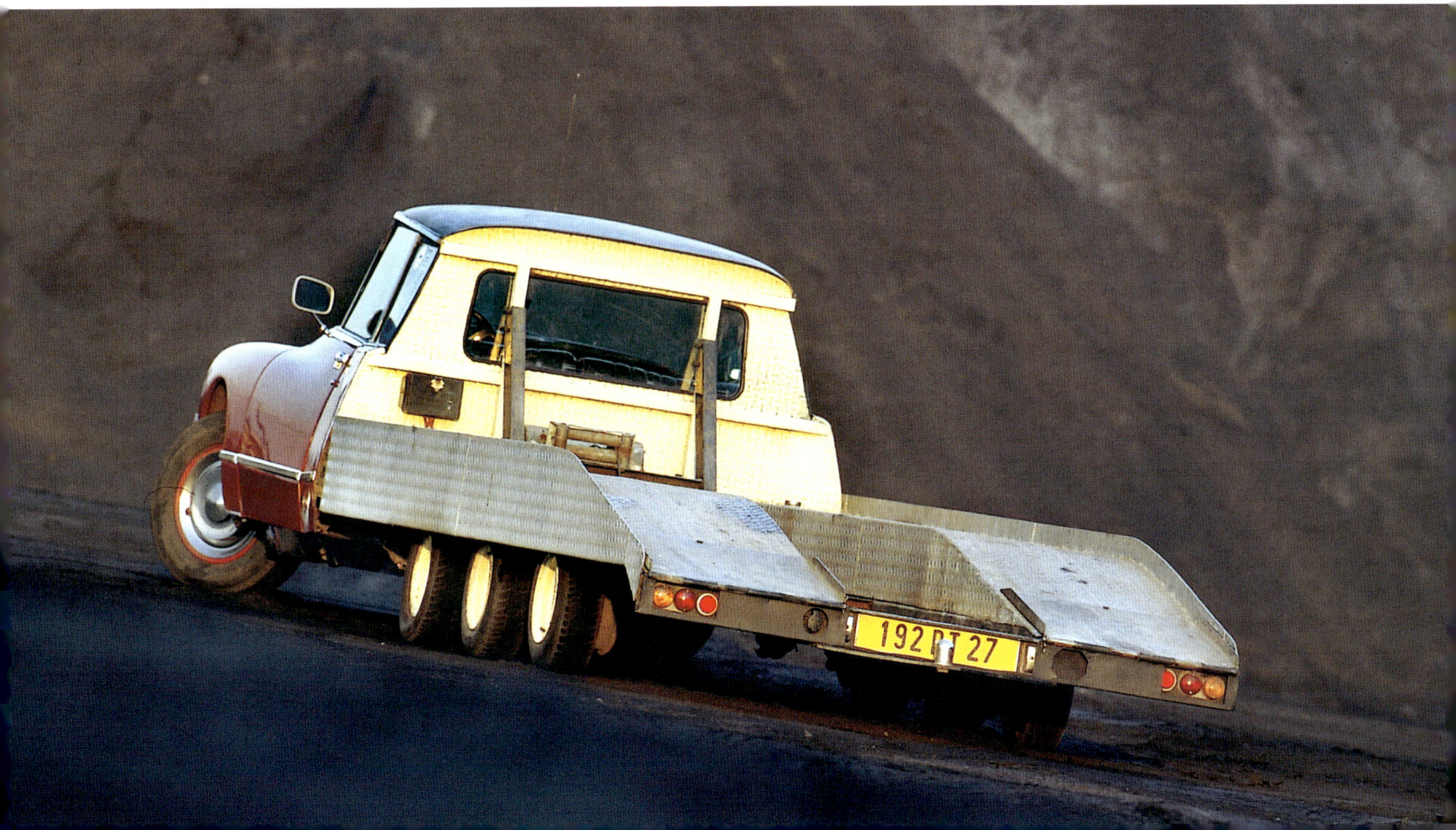

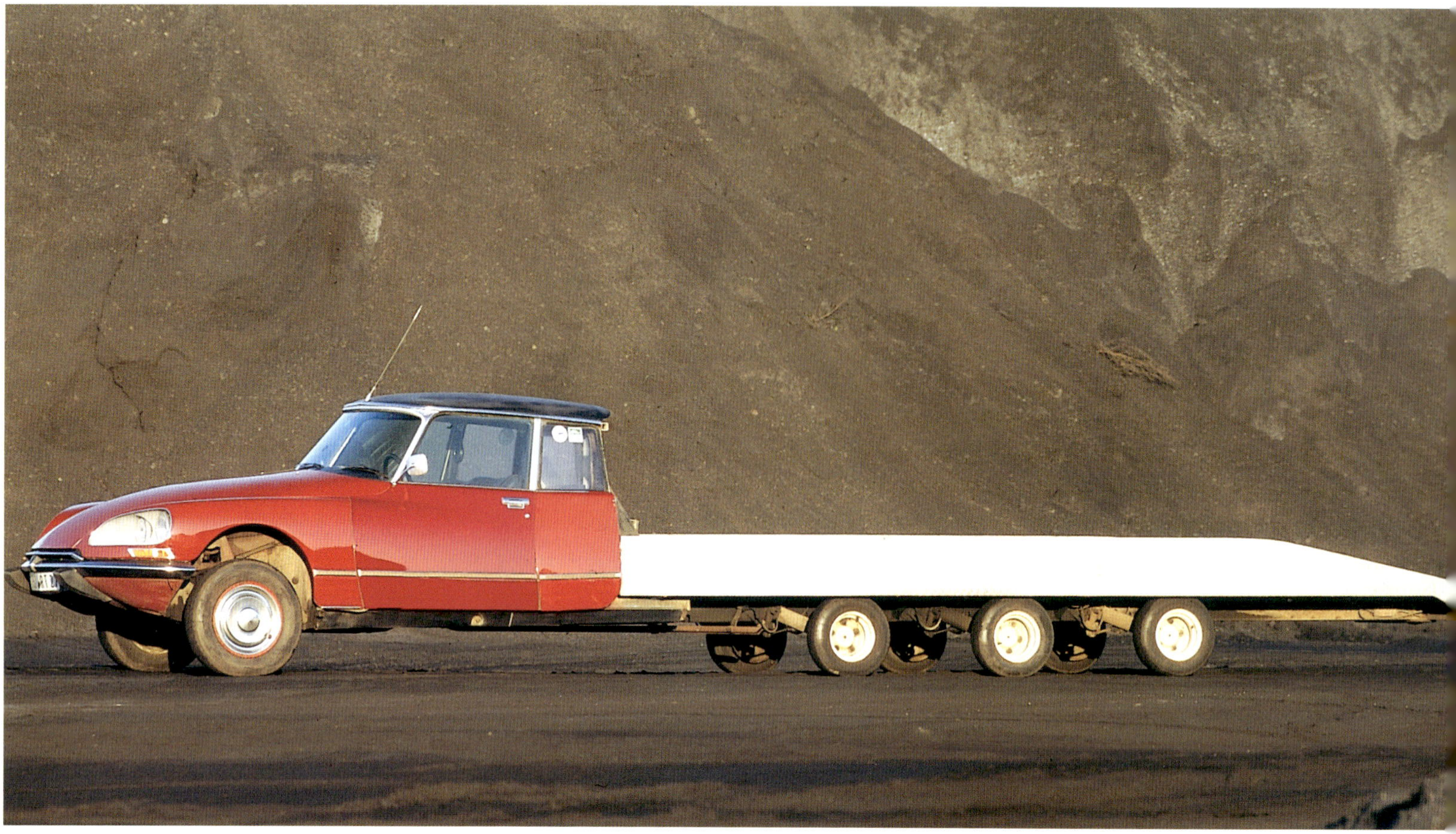

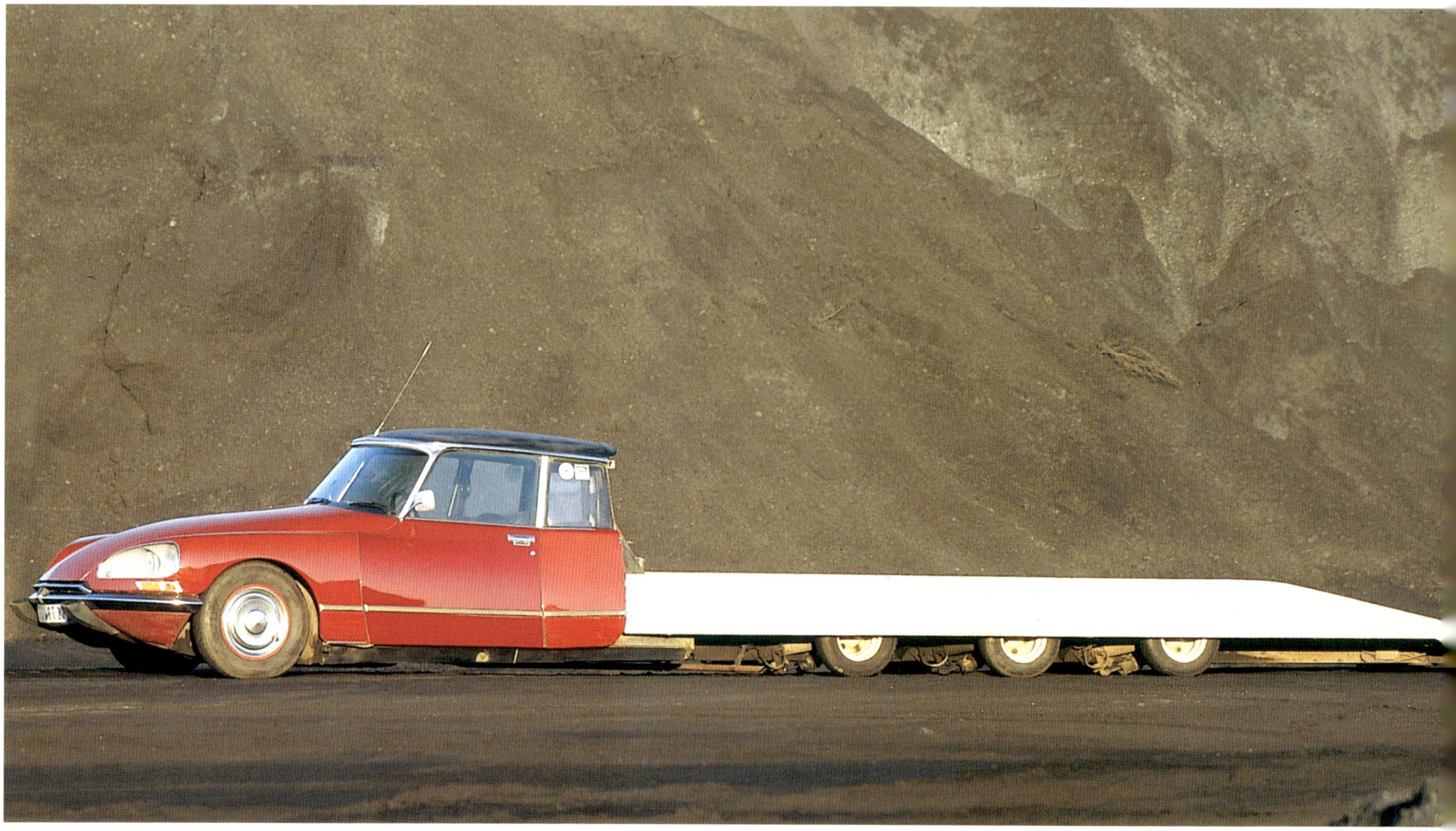

er die für den Verkauf und die Verwendung der Patente notwendige Konstruktions-Firma ADPT (Applications Des Procédés Tissier).

Rote Transporter

Tissier gibt sich nicht mit seinem Abschlepper zufrieden, er entwickelt vielmehr ein ganzes „Programm" an Fahrzeugen. Natürlich ist, bedenkt man die handwerkliche Fertigung, kein Auto identisch mit einem anderen. So kommen 1973 mehrere Bestellungen. Zuerst einmal ordert die Werkstatt Europ Sport aus der Banlieu von Paris einen Plateau-Transporter. Dieser weist bereits einige Änderungen zu Tissiers eigenem Modell auf: Die Fahrerkabine ist durch einen Überrollbügel verstärkt, die Tragfläche ist nicht mehr völlig waagerecht wie beim Tissier-Modell. Man kann vielmehr im Gegensatz zum ersten Modell eine, auch die Auffahrrampen integrierende Schrägung feststellen.

Zu einem anderen Einsatzzzweck entwickelt Tissier für die Firma Hollander SA einen Transporter. Ausgehend wie immer von einer halbierten DS-Limousine schließt Tissier einen langen Kasten (aus Kunststoff) ohne Fenster an. Das Dach ist ab der Kabine erhöht, hinten steht das Fahrzeug diesmal auf zwei DS-Achsen mit 13 Zoll-Bereifung. Die Vorderseite übrigens behält immer ihre Serienbereifung mit 15 Zoll Durchmesser. Natürlich werden auch hier die drei Achsen von der Hydraulik abgefedert. Der zweitürige Hollander-Transporter hat eine Gesamtlänge von 6,50 m, wiegt leer 1.850 kg und darf zwei Tonnen Nutzlast laden. Er ist mit drei Tanks ausgestattet, die insgesamt 280 l Benzin fassen können. Nicht weniger als rund 30 der Hollander-Transporter entstehen, alle in Vallelunga-Rot lackiert, die Buchstaben der Firmenbeschriftung in kräftigem Gelb. Diese Tissier-Transporter dienen dem (sehr) eiligen Zeitungstransport quer durch Europa, oft kann man dem einen oder anderen von ihnen in den 70er Jahren auf den französischen Autobahnen begegnen.

Oben und links: Der sonst quer unter der Rückbank eingebaute Serientank ist bei Tissier offenliegend längs verbaut. Die Hintertüren werden für die Fahrerkabine halbiert.

Linke Seite: Vorteile der Hydaulik am Tissier-Plateau demonstriert: Hoch- und Tiefstellung aus eigener Kraft.

Rechte Seite: Details eines Tissier-Arbeitsplatzes: Doppelhydraulikverstellung und drei Hinterachsen.

Auch die Besatzungen sind meist ziemlich eindrucksvolle Typen...

9 Meter

Danach entwickelt Tissier Abschlepper und Transporter auch in anderen Varianten, je nach Belieben der Kunden. So kann die Kabine des Abschleppers zum Beispiel eine Verlängerung aus Blech hinter den Sitzen erhalten, was den Stauraum erhöht. Man kann sogar auch viertürige Abschleppwagen ordern. Während die zweitürigen Typen stets auf Basis von DS-Limousinen gebaut werden, sind für viertürige Versionen Pierre Tissier auch die DS Break mit ihrem stärkeren Stahldach und der hinten erhöhten Dachrandlinie willkommen. Der viertürige Abschleppwagen erreicht eine Gesamtlänge von 9 Metern! Der Kastenwagen existiert ebenfalls als Viertürer, er wird in zwei Exemplaren gebaut. Doch hier nimmt die Gesamtlänge nicht zu, die zusätzlichen Plätze entstehen auf Kosten des Nutzraumes. Dieser Transporter entsteht 1977, zuerst wieder zur Privatverwendung Pierre Tissiers, später wird er an den Besitzer des zweiten Exemplars verkauft.

151

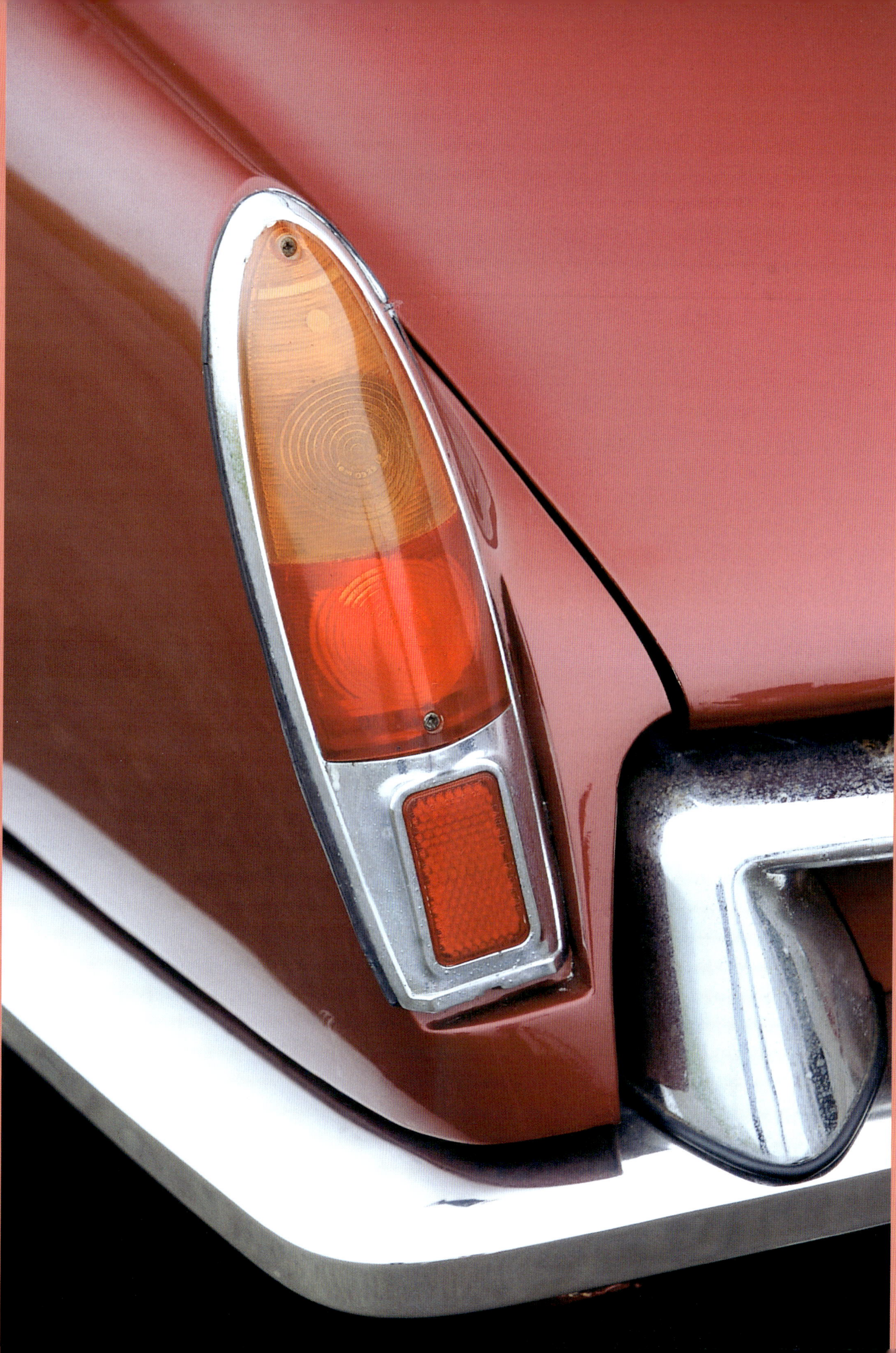

DS

Bossaert GT19 1960-1965

In den 60er Jahren beflügelt die DS die Fantasie zahlreicher unabhängiger Karosseriebauer. Das Basisfahrzeug ist erlesen und zieht eine eventuelle Hochpreis-Kundschaft an, die sich von der Masse unterscheiden möchte. Chapron, so haben wir gesehen, ist ohne Zögern in die Bresche gesprungen. Aber auch weniger bekannte Karosserie-Handwerker, die nicht über eine vergleichsweise entwickelte Infrastruktur wie der Betrieb aus Levallois verfügen, wagen sich an das riskante Abenteuer einer Kleinserienfertigung.

Der Carrossier Ricou aus Savoyen baut einige DS durch Verkürzung des Radstandes zu Coupés um. Sein Ziel ist weniger höhere Eleganz als bessere Einsatzmöglichkeit im Wettbewerb. Kleine Anzahlen von DS werden derart modifiziert. Die Firma Barbero aus Marseille folgt dem gleichen Rezept, mit weniger ästhetischem Geschick und bei noch kleinerer produzierter Menge. Pichon-Parat hingegen wagt sich an das Abenteuer, die Front eines ebenfalls im Radstand verkürzten DS-Coupés neu zu gestalten. Als Vorlage diente die Front des Panhard 24 mit seinen hübschen Doppelscheinwerfern, die man der DS einbaut. Doch auch das Pichon-Parat-Coupé erlebt keinen nennenswerten wirtschaftlichen Erfolg. Ausschließlich Hector Bossaert versteht es, die gesamte Linie der DS neu zu gestalten und einen eleganten kleinen GT zu kreieren.

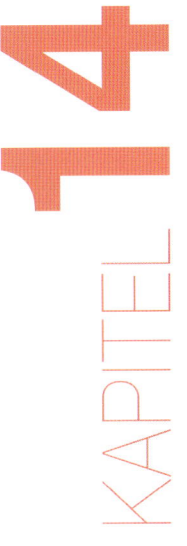

Italienisches Design

In Wahrheit bleibt Hector Bossaert bei „seinem" DS-Coupé einfach ein Besteller, Entwurf und Konstruktion stammen nämlich von zwei anderen Firmen: Der italienischen Designschmiede von Pietro Frua verdankt er den Entwurf, der Firma Gété aus Météren überlässt er den Zusammenbau. Der im Jahr 1960 präsentierte Bossaert GT19 unterscheidet sich stark von den Chapron-Umbauten. Von der Serien-DS bleibt nur eine um 42 cm verkürzte Bodenplatte mitsamt der gesamten Mechanik und das Vorderteil der Karosserie bis zur Windschutzscheibe, alles andere ist spezifisch. Man muss übrigens der Arbeit Fruas Respekt zollen, der es versteht, der vorderen Linie seines Landsmannes Flaminio Bertoni ein elegantes eigenes Heck zu verpassen, das zur gesamten italienischen Linie gut passt. Sehen wir den GT19 näher an:

Die Windschutzscheibe steht schräger als bei der Serien-DS, die Türen sind verlängert, um den Einstieg nach hinten zu erleichtern. Die Dachlinie fällt konsequent nach hinten ab und harmoniert perfekt mit dem großen Panoramafenster hinten, das aus Kunststoff gefertigt ist. Das Fenster findet seine Verlängerung in einem schräg bis zur Stoßstange abfallenden Kofferraumdeckel. Die hinteren Kotflügel entstehen auf der Basis derjenigen des Fiat 1500, sie besitzen an ihrem Ende hübsche, senkrechte Rücklichter. Fein, elegant und schlank – das Bossaert-DS-Coupé ist ästhetisch ein voller Erfolg. Was die Fahrleistungen betrifft müssen diese bei einem GT getauften Modell natürlich besser sein als beim Serienmodell. So greift man zu den altbekannten Tuningrezepten wie schärfere Nockenwelle, bearbeiteter Zylinderkopf sowie zwei Zenith-Doppelvergaser und erhält so statt der serienmäßigen 83 nun 97 SAE-PS.

Der Bossaert GT19 ist sicherlich die ästhetisch vollendetste Abwandlung einer DS, sein Entwurf stammt immerhin von niemand anderem als Pietro Frua.

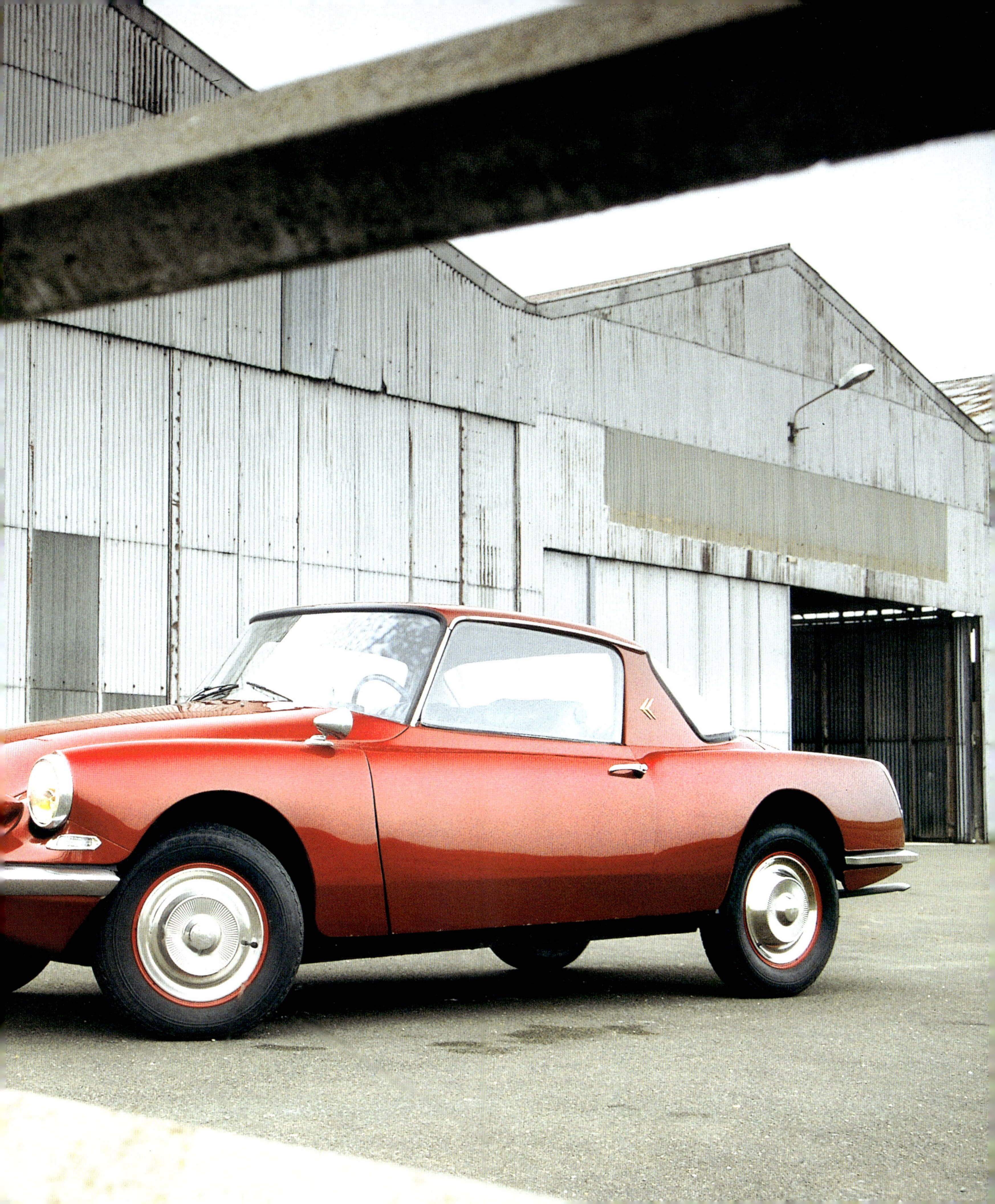

Details der fließenden Linienführung des italienisch anmutenden Coupés aus Frankreichs hohem Norden.

Zu teuer!

Die ersten zwei GT19 werden noch im Atelier von Frua gebaut, doch Bossaert wünscht, dass potenzielle Kunden ihre Autos schnell bekommen und beauftragt deshalb die Karosseriefirma Gété mit der Fertigung. Den Quellen nach entstehen dort zwölf bis dreizehn Exemplare bis zum Jahr 1965. In Anbetracht der hohen Eleganz des Wagens, derjenigen der Chapron-Coupés noch überlegen, fragt man sich, warum nicht mehr verkauft werden. Der Grund ist schlicht und ergreifend ein finanzieller: 1963 kostet eine DS19 bereits die Kleinigkeit von 13.000 (neuen) Francs, während die Bossaert-DS für knapp 29.000 FRF angeboten wird. Ein Chapron-Cabrio hingegen, zusätzlich attraktiv durch die Möglichkeit des Frischluft-Fahrens, kostet etwas mehr als 22.000 FRF. Für seinen Preis hätte der Bossaert GT19 uneinholbar sein müssen. Das Magazin *Sport Auto* testet einen GT19. Der Journalist erkennt an, dass das Coupé schneller ist als eine Serien-DS, sicherer und agiler fährt dank des kürzeren Radstandes. Andererseits findet er eine zu locker angegangene Verarbeitung vor, einen zu laut dröhnenden Auspuff und bei hohen Geschwindigkeiten sich abhebende Seitenscheiben (ein Problem, das Citroën anfänglich auch bei den Serien-DS kannte, aber 1956 bereits löste). Der Vollständigkeit halber seien zwei Bossaert-Cabriolets erwähnt, die gleichermaßen produziert wurden: Das erste sah aus wie das Coupé, nur wurde auch die Vorderpartie modifiziert, das zweite mit einem total veränderten Design behielt die Serien-Türen der DS bei.

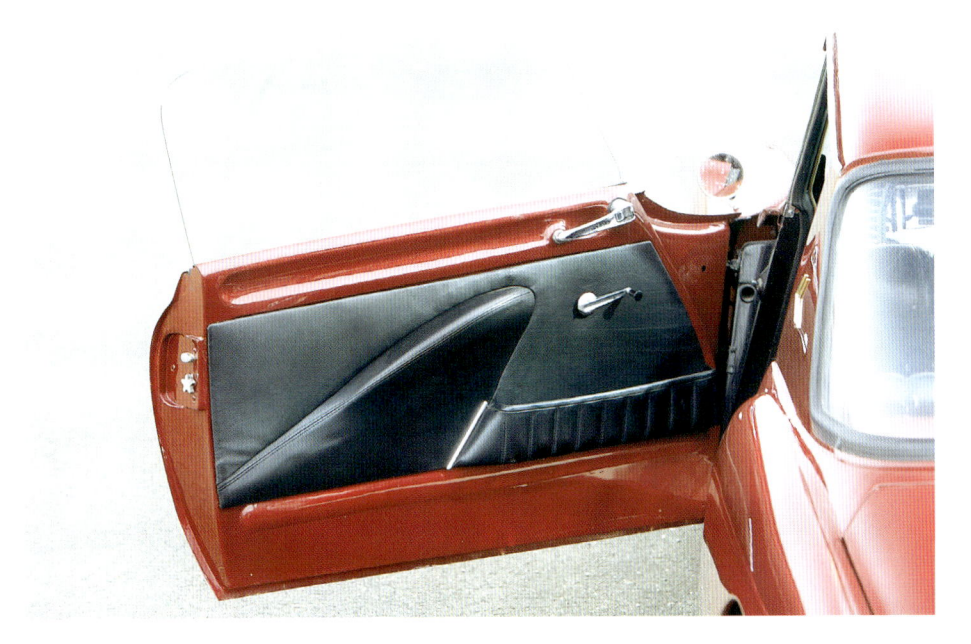

Liebevolle Schmuckelemente zieren den GT19, doch leider ist der Preis zu hoch, um viele Käufer zu finden.

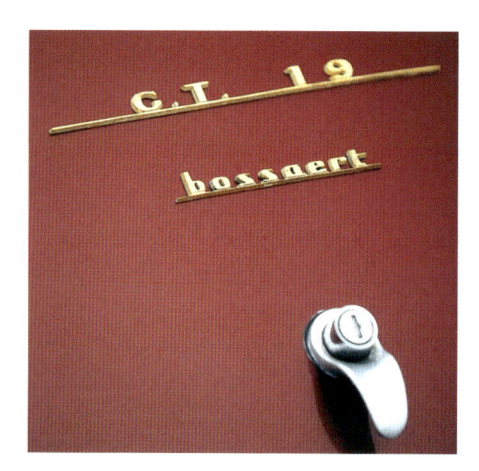

KAPITEL **14** Bossaert GT19

159

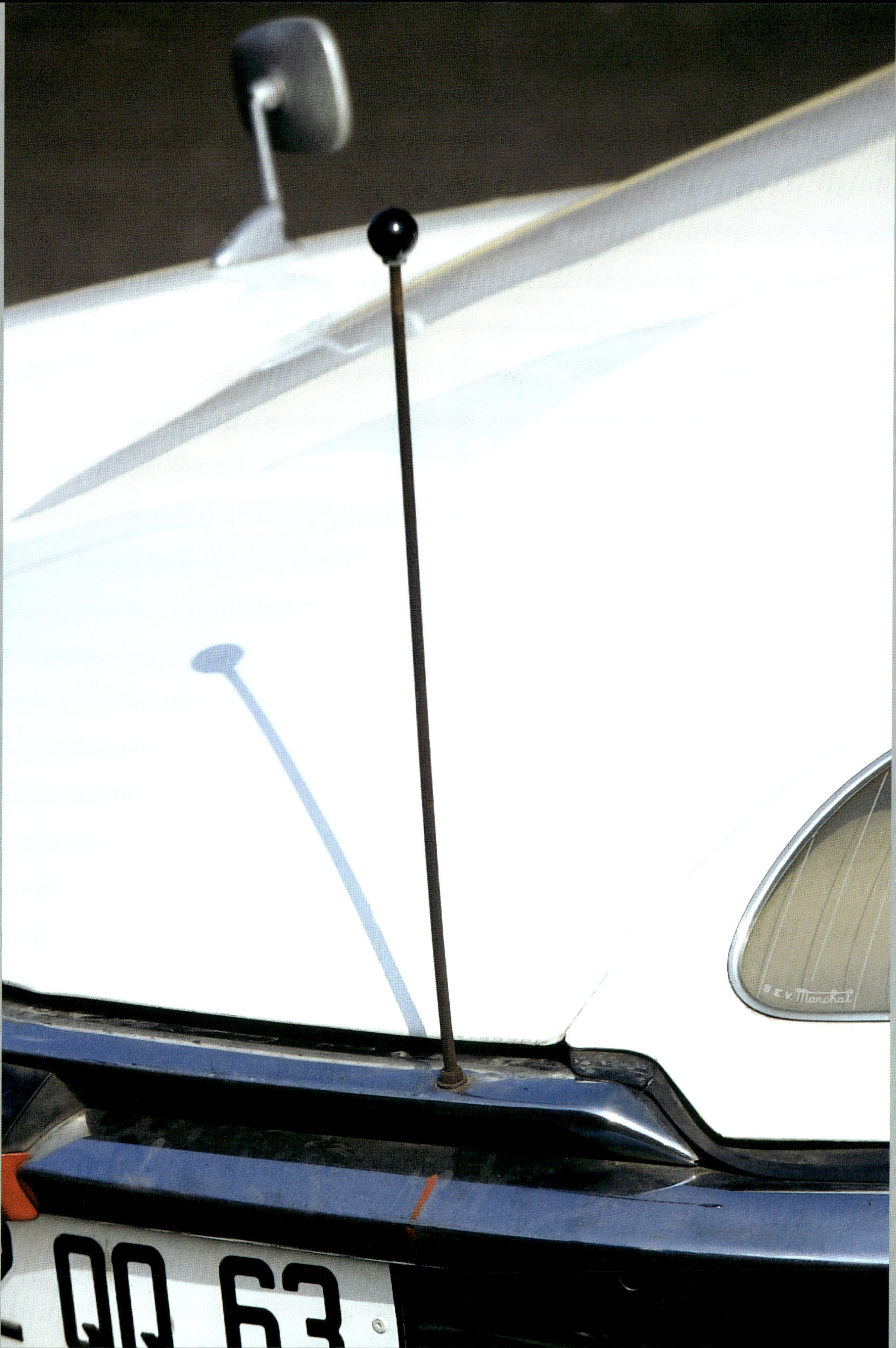
S.E.V Marchal
QQ 63

Michelin ID27   1971

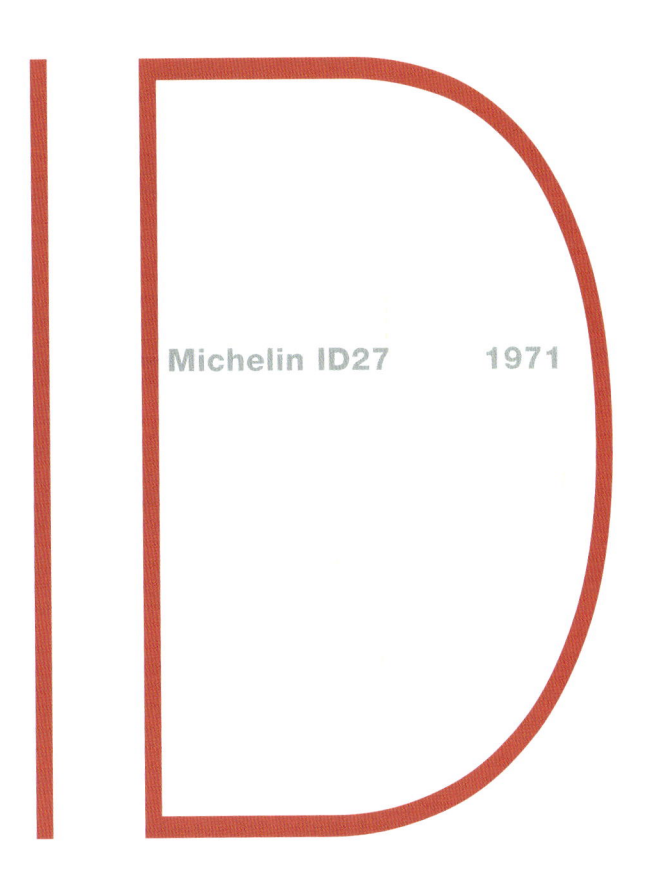

Es entbehrt nicht einer gewissen Logik, dass Michelin, Hauptaktionär der Marke Citroën, den eigenen Wagenpark mit Doppelwinkel-Produkten ausstattet. Der größte Teil der Michelin-Autos, die zum Zweck der Erprobung neuer Reifen auf geheimen Teststrecken unterwegs sind, bleibt dabei nicht ohne Eingriffe in ihren Originalzustand. Diese rollenden Laboratorien erhalten allesamt zahlreiche Messgeräte und oft auch tiefgreifende Karosserie- und Antriebsmodifikationen, sodass sie bei den Zulassungsbehörden vorgeführt werden müssen, um eine Straßenverkehrszulassung zu erhalten. Diese Wagen sind dann keine Citroën mehr sondern Michelin! Genauso auch im Fall der ID27…

KAPITEL 15

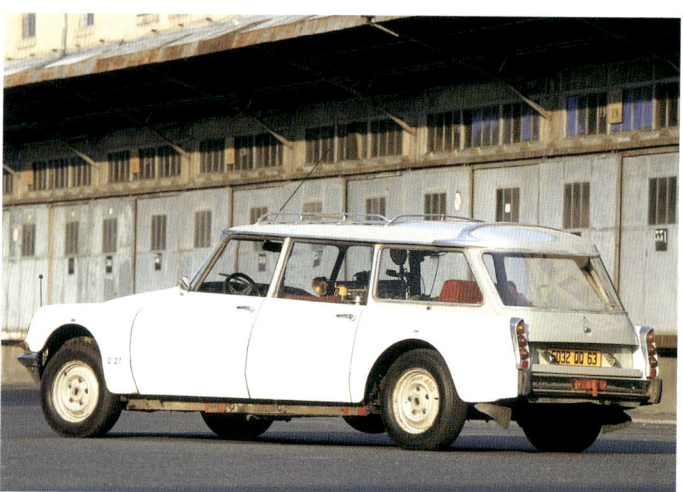

Zahlreiche äußere Details weisen auf den Zweck dieses ID Break hin. Er ist bei Michelin zum rollenden Testlabor umgebaut worden.

2,7 Liter?

Achtung, es handelt sich hier nicht mehr um einen Citroën DS oder ID, bei welchen die Ziffer in der Typbezeichnung zweistellig den Hubraum angibt. Der Michelin-Break mit der Kennziffer ID27 hat also keinen 2,7-Liter-Motor unter der Haube! Es handelt sich vielmehr um den 27. Break bzw. ID, den der Reifenhersteller aus Clermont-Ferrand einsetzt. Äußerlich deutet bis auf wenige Details nichts auf die wissenschaftlichen Einrichtungen im Innern des ID19 Break hin: Ein rot gefärbtes Metallteil ist auf der Heckstoßstange angebracht, das dazu dient, weitere Messgeräte aufzunehmen; oberhalb jedes Radlaufes gibt eine Zahl auf einer angeklebten Aluminium-Plakette die Höhe der Karosserie in Normalstellung an; zur Nabe des rechten Hinterrades führt ein Metallrohr und eine langes Kabel, das in den Innenraum führt, sie haben die Aufgabe, einen Referenzwert für das zu testende Rad samt Reifen zu ermitteln (denn wir werden es sehen: Dieser Break besitzt fünf Räder); schließlich ist auf der Vorderstoßstange ein langer Peilstab wie bei Lastkraftwagen angebracht, der den Fahrern hilft, ID27 millimetergenau auf dem privaten Michelin-Kurs von Ladoux zu steuern.

Man muss die Türen öffnen, um das ganze Ausmaß all der durchgeführten, tiefgreifenden Modifikationen zu erfassen. Das Armaturenbrett und der Fahrersitz entstammen noch der Serie. Die Tatsache, dass das typische, breite Einspeichen-Lenkrad durch ein dreispeichiges Sportlenkrad von Motolita ersetzt ist, fällt wenig ins Gewicht bei der Fülle der im restlichen Innenraum installierten Messapparate, von denen man allüberall Kabel und Schalter, Anzeigen und elektronische sowie hydraulische Bauteile irgendwelcher Art sieht, genau wie Kontrolllampen, Sonden, Manometer und Batterien. Am erstaunlichsten ist eine halbrunde schwarze Kuppel in der Mitte hinter dem Fahrersitz und vor dem, schwer zugänglichen, einzigen Beifahrersitz hinten. Diese Abdeckhaube verbirgt das fünfte Rad des Break mit dem zu testenden Reifen darauf.

Das fünfte Rad am Wagen

An pneumatische Zylindern montiert, deren Druck je nach Test und Reifenmodell variieren und die den Reifen mit normalem Straßenluftdruck auf die Fahrbahn definiert absenken können, ist das Testrad mit etlichen Messinstrumenten verbunden, die alle Rollwiderstands-, Brems- und Torsionswerte ermitteln können. Testbremsungen werden von dem hinten sitzenden Beifahrer ausgelöst, der auch sonst eine Fülle von Informationen abrufen kann und soll. Unter der schwarzen Haube von ID27 werden seinerzeit alle Michelin-Reifentypen getestet, vom berühmten TRX, Michelins Erstentwicklung eines Niederquerschnittsreifens, bis zum Formel-1-Slick. Sämtliche Umbauten an diesem ID Break sind in Michelins eigenen Werkstätten ausgeführt worden. Am Ende bringt ID27 ein Gesamtgewicht von 2.060 kg auf die Waage statt der serienmäßigen rund 1.350 kg. In Anbetracht einer erwünschten Straßenzulassung des Fahrzeuges, das man sogar Alpenpässe hoch- und herunterscheucht, wird eine Einzelabnahme fällig. Diese wird am 26. März 1974 erteilt, als Michelin-Sonderfahrzeug, nicht mehr als Citroën…

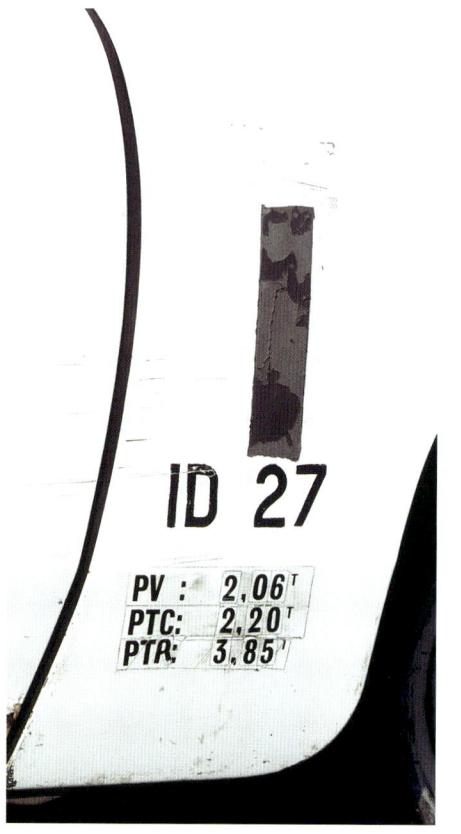

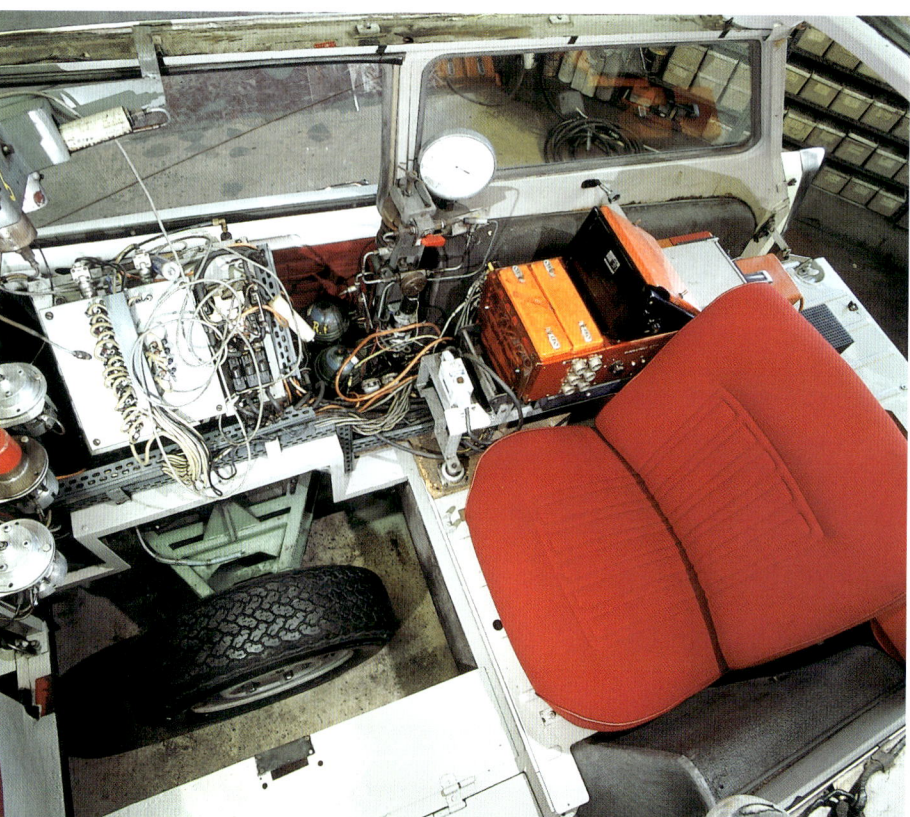

Im Inneren des Michelin ID27 wird das zentrale fünfte Rad am Wagen sichtbar, das den zu testenden Reifen trägt. Die Messinstrumente werden von einer modifizierten elektrischen Anlage gespeist, die Radführung übernimmt eine angepasste Hydraulik mit drei Speicherkugeln.

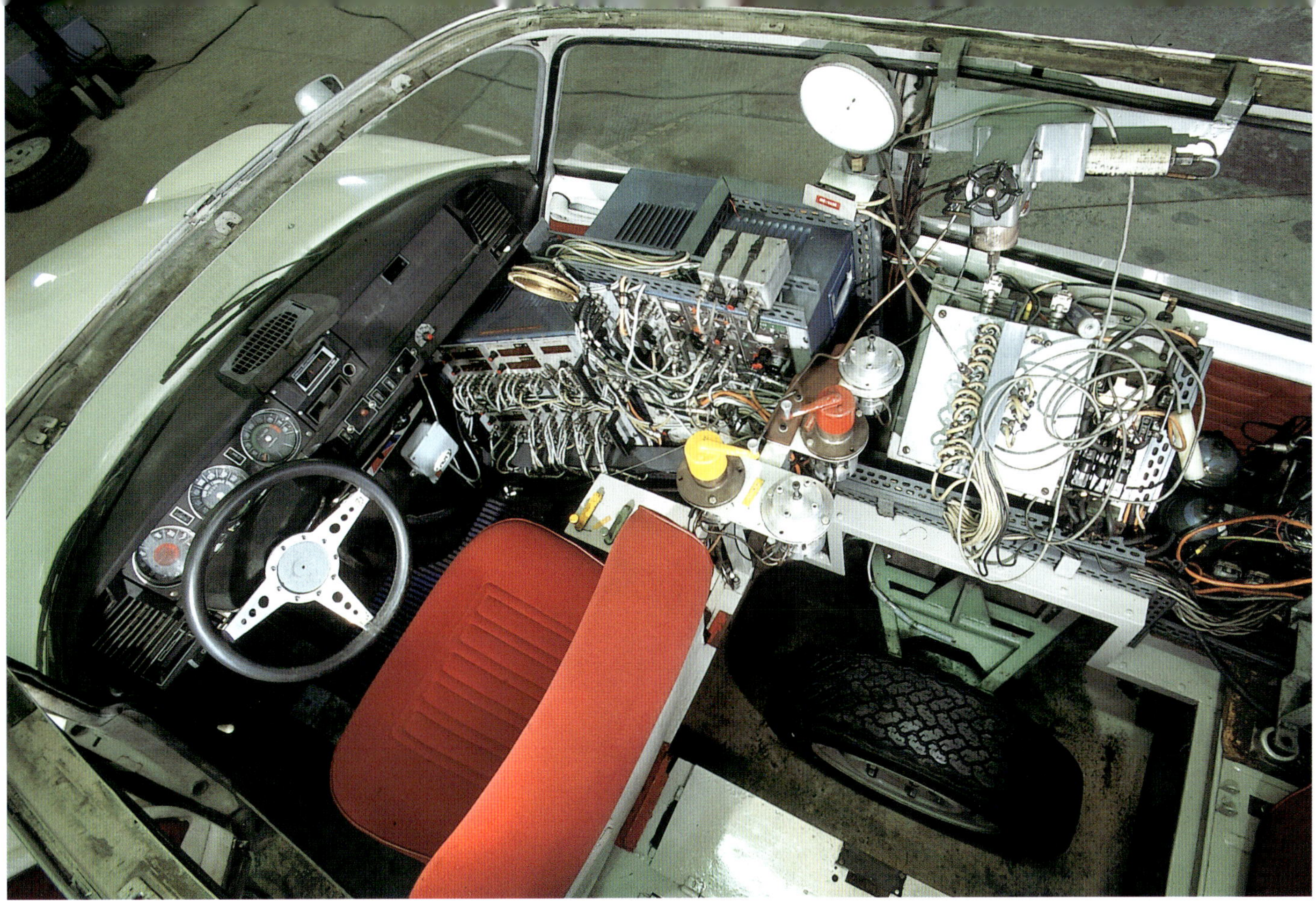

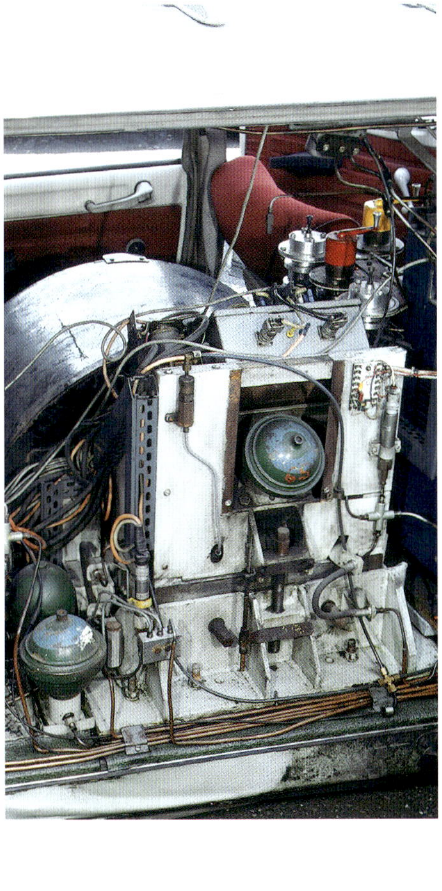

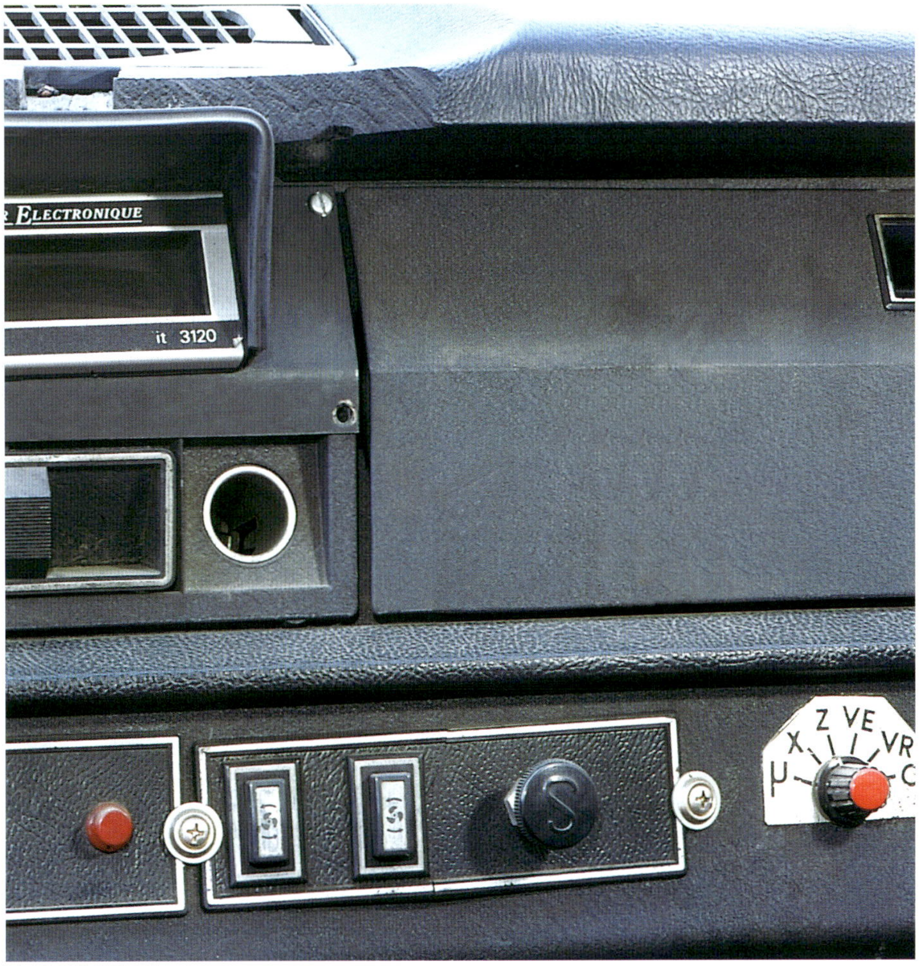
ELECTRONIQUE
it 3120
X Z VE VR
S

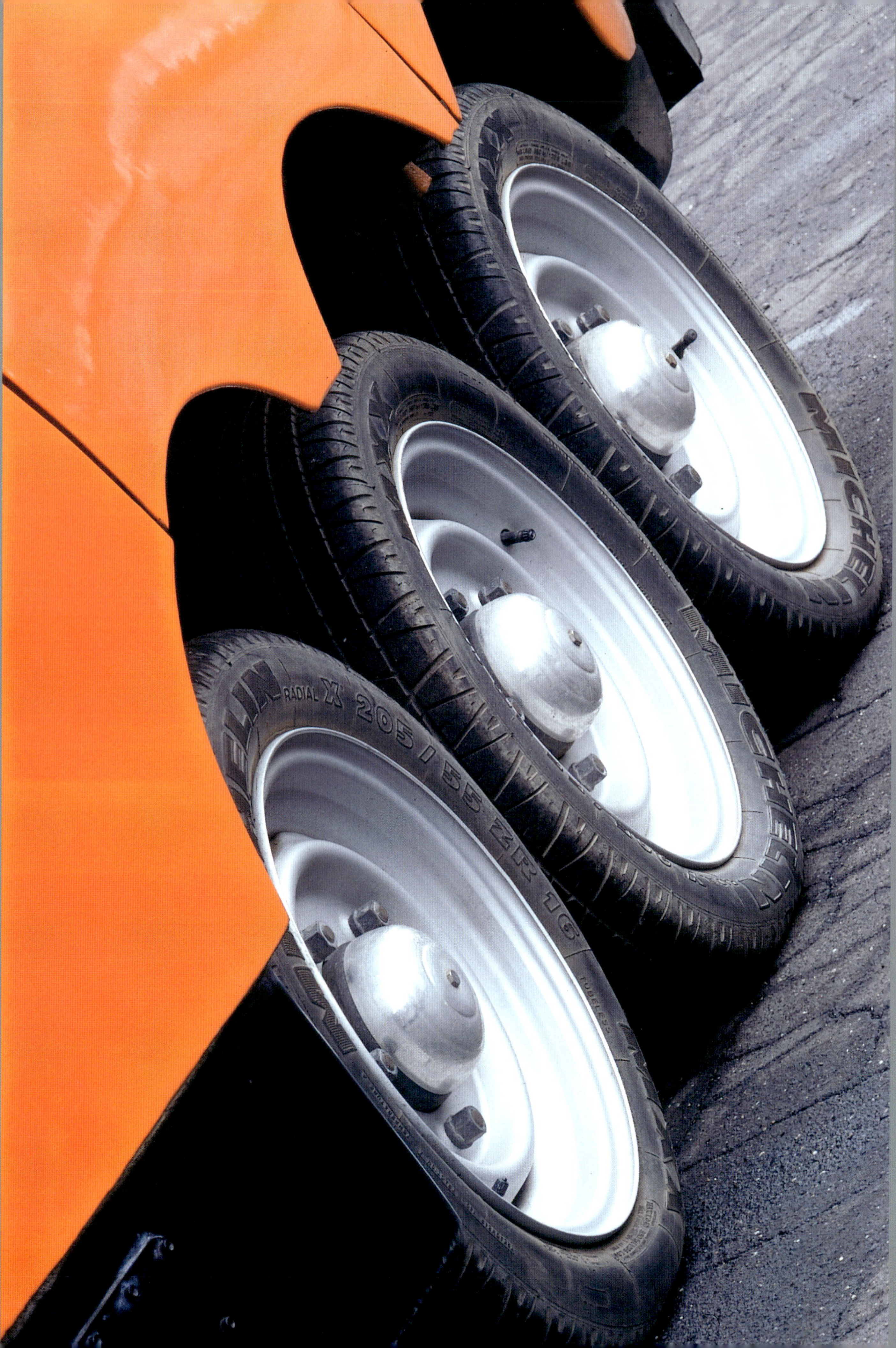
RADIAL X 205/55 ZR 16

PLR

Michelin PLR 1972

Teil eines Alptraumes: Ein Citroën-Break ist einer *Mad-Max*-Filmepisode entlaufen. Im Übrigen heißt er auch nicht mehr Citroën ID/DS sondern vielmehr Michelin PLR. Stellen Sie sich einen ID20 Break vor, der mehr als neun Tonnen wiegt, mehr als sieben Meter lang ist und 2,45 m breit. Allein schon ein merkwürdiges Ding. Fügen Sie nun zehn Räder hinzu, vier vorn, sechs hinten, geben ihm eine schreiende orangefarben-gelbe Lackierung, dann haben Sie schon eine Idee von dem Monster. Wer oder was konnte solch eine Maschine hervorgebracht haben?

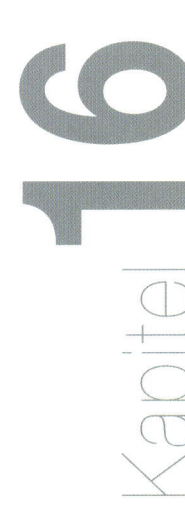

Kapitel 16

Über-Lkw

Nach dem Zweiten Weltkrieg platzierte sich Michelin als einer der weltweiten Vorreiter in Sachen Autoreifen. Um auf höchstem Niveau zu bleiben, investierte der französische Reifenhersteller in eine Teststrecke bei Ladoux, ganz in der Nähe des Firmensitzes in Clermont-Ferrand. Dort werden auf allen möglichen Fahrzeugen die aktuellen und kommenden Reifen getestet, um für diese die bestmöglichen Werte zu erzielen. Bis in die 50er, sogar in die 60er Jahre hinein, was die Lkw betrifft, dienen Berliet-Lkw mit längerer Hinterachsübersetzung als Testfahrzeuge. Sie können bis zu 120 km/h erreichen, ausreichend zum Testen aller damaligen Michelin-Decken. Doch die Zunahme der Spitzengeschwindigkeiten auch bei Lkw sowie deren stets zunehmende Traglasten bringen Michelin am Anfang der 70er Jahre dazu, einen neuen Testwagen zu entwerfen, der bei noch höheren Geschwindigkeiten die Bedingungen eines Lkw genau reproduzieren kann, dabei gleichzeitig ein Optimum an Sicherheit gewährleistet. Denn bei über 120 km/h mit einem Lkw einen Reifenplatzer zu erleben (und zu überleben), ist für den Fahrer kein Pappenstiel! Eine Art Schnell-Laster also muss her, auf Französisch: Poids Lourd Rapide, oder kurz: PLR. Getreu dem Lastenheft des künftigen PLR machen sich die hauseigenen Werkstätten bei Michelin an dessen Konstruktion. Die Ausarbeitung des Chassis basiert auf zwei Grundforderungen: Haltbarkeit und Einfachheit. Es sind gerade Stahlträger, die zusammengeschweißt am besten diese Forderungen erfüllen. Um eine außergewöhnliche Stabilität zu erreichen, ist klar, dass der PLR so lang und so breit wie ein Lkw sein soll, doch einen deutlich niedrigeren Schwerpunkt und eine flachere Stirnfläche bieten muss.

Michelin ist Eigner von Citroën und hat seit Jahrzehnten erfolgreich mit deren Entwicklungsabteilung zusammengearbeitet. Daher ist es vollkommen nahelie-

169

Der Blick unter die „Motorhaube" offenbart dort kein Antriebsaggregat mehr, der PLR ist das einzige heckgetriebene D-Modell.

gend, (wieder einmal) an die Verwendung eines ID Break als Basis zu denken, nur diesmal überdimensioniert. Eine Break-Karosserie kommt also aus Paris nach Clermont, um mit dem Schneidbrenner vollkommen zerlegt zu werden. Man behält lediglich die vordere Fahrgastzelle mit den zwei Vordertüren sowie die Motorhaube bei, unter welcher anstelle der Antriebseinheit nun zwei 90-Liter-Tanks und die Hydraulik-Zentrale Platz finden. Der gesamte Rest wird wie mit dem Blasebalg aufgebläht.

180 km/h Spitze!

Tatsächlich findet man, weiter vorn und weiter außen platziert, die DS-Vorderkotflügel mit den Doppelscheinwerfern wieder, die DS-Stoßstange davor erscheint mindestens doppelt so breit. Die Break-Hinterkotflügel mit ihren Lichtern sieht man ebenfalls, auch hier mit einer doppelt so breiten Heckstoßstange versehen, und am Heck findet man die verbreiterte Heckklappe, welche die charakteristischen Formen und Chromverzierungen des Break aufweist... Um es kurz zu machen, stellen wir einfach fest: Der PLR sieht wie ein ID Break aus, den man in jede Richtung gestreckt hat.

Eine Gewichtszunahme war nicht im Entwicklerinteresse, eher das Gegenteil, doch das ganze Fahrzeug ist aus Stahl gebaut bis auf die serienmäßige Alu-Motorhaube. Eine derartige Karosserie kann sich wirklich nicht nur auf vier Rädern abstützen, das Vehikel wäre dann wohl nicht beherrschbar. So kommen nicht weniger als 10 Räder vom Citroën-Transporter HY mit 16 Zoll-Felgen zum Einsatz. Vier gelenkte Räder sind vorn, sechs unabhängig aufgehängte hinten zu finden. Selbstverständlich sind die von der DS stammenden Bremsscheiben und -sättel vorn sowie die vom HY stammenden Trommelbremsen hinten, genau wie die servounterstützte Lenkung im Interesse eines bestmöglichen Fahrergebnisses von der Zentralhydraulik unterstützt.

Bleibt noch die Aufgabe, den rollenden Dinosaurier in Schwung zu setzen. In der Tat hätte der gutmütige Citroën-Vierzylinder beim besten Willen das Gefährt nicht von der Stelle bringen können. Da Leistung und Kraft hier in Überfülle gebraucht werden, entscheiden die Michelin-Techniker sich für den parallelen Einbau von zwei Chevrolet 350ci-V8-Motoren, wobei einer mit seinen 250 SAE-PS als Antrieb für den PLR ausreicht. Er ist gekoppelt an ein Automatikgetriebe von General Motors und drei Hinterachsgetriebe, vom Peugeot 504 stammend und abgewandelt. Eine ausreichende Mechanik, um den orangefarbenen Lkw auf über 180 km/h zu katapultieren. Rasant!

Zwei Fahrer

Und was macht der zweite Motor im Heck? Er dient der vordringlichen Aufgabe des PLR, nämlich Lkw-Reifen unter Extrembedingungen zu testen. Tatsächlich umschließt das Heck des Wagens neben den zwei V8-Motoren ein komplettes Testlabor. Ein Rad, ausgestattet mit dem zu testenden Reifen, ist an einem Achsträger mit Radnabe befestigt, die ihrerseits mithilfe eines Achsantriebs vom zweiten Motor gedreht wird. Der gesamte Achsträger hängt an einem hydraulisch hoch- unter herunterfahrbaren Hebebock, der von der Testkabine aus betätigt wird. Diese Hydraulik ahmt perfekt sämtliche Beladungszustände eines Lkw nach, während eine regelbare Differenzialsperre im Achsantrieb das Rad definiert abbremst oder beschleunigt, um so alle auftretenden Kräfte am Lkw-Reifen zu simulieren. Die gesamte Einheit des Testrades ist umhüllt, um Schäden bei Reifenplatzern zu verhindern. Während der normalen Testläufe fährt der PLR übrigens nicht mit höchstmöglichem Tempo sondern „nur" mit einer mittleren Geschwindigkeit von 155 km/h. Zwei Personen sind mit der reibungslosen Funktion des rollenden Labors beschäftigt, der eine fährt den PLR auf dem Testparcours, der andere steuert von der Kabine aus alle Reifentests. Obwohl heute die Ausfahrten dieses Michelin-Citroën-Boliden selten geworden sind, bleibt er eine der beeindruckendsten Abwandlungen auf Basis der Baureihe ID/DS.

Das immense Lkw-Testrad in der Mitte des Fahrzeugs verschwindet beim Betrieb unter einer Schutzhaube. Dann sind nur noch die diversen Steuerungsorgane sichtbar.

Technische Daten

DS19/20

Vierzylinder-Reihenmotor, 1911 cm³ (1985 cm³ ab 9/65), 70 DIN-(75 SAE-)PS bei 4500/min (80 DIN-(83 SAE-)PS ab 3/61; 84 DIN-(90 SAE-)PS bei 5500/min ab 9/65; 90 DIN-(103 SAE-)PS ab 9/68; 98 DIN-(108 SAE-)PS ab 9/71), Motorblock aus Guss, Zylinderkopf aus Aluminium, Kurbelwelle dreifach (fünffach ab 9/65) gelagert, seitlich hoch sitzende Nockenwelle per Duplex-Kette angetrieben, Wasserkühlung, Einfach-(ab 3/61 Register-)Vergaser – Kraftübertragung per machanisches Getriebe mit 4 (später wahlweise 5) Gängen auf die Vorderräder, hydraulisch (ab 1/63 wahlweise auch mechanisch) geschaltet, Einscheiben-Trockenkupplung, hydraulisch automatisiert (ab 1/63 wahlweise auch mechanisch)betätigt – Selbsttragende Ganzstahlkarosserie, Karosserieanbauteile (teilweise aus Aluminium oder Kunststoff) inklusive Dach verschraubt – Hydraulische Federung und Dämpfung mit automatischem Niveauausgleich und verstellbarer Bodenfreiheit – Scheibenbremsen vorn, Trommelbremsen hinten, per Hochdruck-Hydraulik servounterstützt betätigt, lastabhängige Bremskraftverteilung – Länge 4,84 m, Breite 1,79 m, Höhe 1,47 m (in Normalstellung), Radstand 3,12 m, Spurweite vorne/hinten 1,50 m/1,30 m, Gewicht 1095 bis 1310 kg, Reifen 165-400 vorn, 155-400 hinten (180-15 vorn, 155-15 hinten ab 9/65, Export 180-15 rundum, später 185-15), Höchstgeschwindigkeit 140 km/h (150 km/h ab 3/61,160 km/h ab 9/62,165 km/h ab 9/65).

DS21

Vierzylinder-Reihenmotor, 2175 cm³, 100 DIN-(109 SAE-)PS bei 5500/min (104 DIN-(115 SAE-)PS ab 9/68, 121 DIN-(139 SAE-)PS bei 21ie ab 9/69), Motorblock aus Guss, Zylinderkopf aus Aluminium, Kurbelwelle fünffach gelagert, seitlich hoch sitzende Nockenwelle per Duplex-Kette angetrieben, Wasserkühlung, Register-Vergaser (Bosch D-Jetronic bei 21ie ab 9/69) – Kraftübertragung per mechanisches Getriebe mit 4 (später wahlweise 5) Gängen auf die Vorderräder, hydraulisch bei 4G (wahlweise auch mechanisch bei 5G) geschaltet, Einscheiben-Trockenkupplung, hydraulisch automatisiert bei 4G (wahlweise auch mechanisch bei 5G) betätigt – Selbsttragende Ganzstahlkarosserie, Karosserieanbauteile (teilweise aus Aluminium oder Kunststoff) inklusive Dach verschraubt – Hydraulische Federung und Dämpfung mit automatischem Niveauausgleich und verstellbarer Bodenfreiheit – Scheibenbremsen vorn, Trommelbremsen hinten, per Hochdruck-Hydraulik servounterstützt betätigt, lastabhängige Bremskraftverteilung – Länge 4,87 m, Breite 1,79 m, Höhe 1,47 m (in Normalstellung), Radstand 3,12 m, Spurweite vorne/hinten 1,50 m/1,30 m, Gewicht 1280 kg, Reifen 180-15 vorn, 155-15 hinten (Export 180-15 rundum, später 185-15), Höchstgeschwindigkeit 175 km/h (178 km/h ab 9/68, 187 km/h bei 21ie).

DS23

Vierzylinder-Reihenmotor, 2347 cm³, 110 DIN-(in F: 115 DIN-)PS bei 5500/min (126 DIN-, in F: 130 DIN-PS bei 23ie), Motorblock aus Guss, Zylinderkopf aus Aluminium, Kurbelwelle fünffach gelagert, seitlich hoch sitzende Nockenwelle per Duplex-Kette angetrieben, Wasserkühlung (bei ie: separater Ölkühler), Register-Vergaser (Bosch D-Jetronic bei 23ie) – Kraftübertragung per mechanisches, hydraulisch geschaltetes Getriebe mit 4 Gängen auf die Vorderräder oder mechanisch geschaltet mit 5 Gängen oder als Borg-Warner-Vollautomat mit 3 Gängen, Einscheiben-Trockenkupplung, hydraulisch automatisiert betätigt bei 4G, wahlweise auch mechanisch betätigt bei 5G, Wandler bei Automatik – Selbsttragende Ganzstahlkarosserie, Karosserieanbauteile (teilweise aus Aluminium oder Kunststoff) inklusive Dach verschraubt – Hydraulische Federung und Dämpfung mit automatischem Niveauausgleich und verstellbarer Bodenfreiheit – Scheibenbremsen vorn, Trommelbremsen hinten, per Hochdruck-Hydraulik servounterstützt betätigt, lastabhängige Bremskraftverteilung – Länge 4,87 m, Breite 1,79 m, Höhe 1,47 m (in Normalstellung), Radstand 3,12 m, Spurweite vorne/hinten 1,50 m/1,30 m, Gewicht 1350 kg, Reifen 185-15, Höchstgeschwindigkeit 179 km/h (188 km/h bei 23ie).

ID19/20/DSuper/DSpécial/DSuper5

Vierzylinder-Reihenmotor, 1911 cm³ (1985 cm³ ab 9/66, 2175 cm³ bei DSuper5), 60 oder 63 DIN-(66 SAE-)PS bei 4000/min oder 4500/min (78 DIN-(81 SAE)PS ab 9/66; 80 DIN-(84 SAE-)PS ab 9/67; 90 DIN-(103 SAE-)PS ab 9/69; 98 DIN-(108 SAE-) PS ab 9/72, 104 DIN-(115 SAE-)PS bei DSuper5), Motorblock aus Guss, Zylinderkopf aus Aluminium (aus Guss bei ID Normale), Kurbelwelle dreifach (fünffach ab 9/66) gelagert, seitlich hoch sitzende Nockenwelle per Duplex-Kette angetrieben, Wasserkühlung, Einfach-(ab 9/69 Register-)Vergaser – Kraftübertragung per mechanisches Getriebe mit 4 (bei DSuper wahlweise, bei DSuper5 immer mit 5) Gängen auf die Vorderräder, Einscheiben-Trockenkupplung mechanisch betätigt – Selbsttragende Ganzstahlkarosserie, Karosserieanbauteile (außer ID Normale teilweise aus Aluminium oder Kunststoff) inklusive Dach verschraubt – Hydraulische Federung und Dämpfung mit automatischem Niveauausgleich und verstellbarer Bodenfreiheit – Scheibenbremsen vorn, Trommelbremsen hinten, zuerst konventionell betätigt, ab 9/61 per Hochdruck-Hydraulik servounterstützt betätigt, doch mit Pedal, lastabhängige Bremskraftverteilung – Länge 4,84 m, Breite 1,79 m, Höhe 1,47 m (in Normalstellung), Radstand 3,12 m, Spurweite vorne/hinten 1,50 m/1,30 m, Gewicht 1095 bis 1310 kg, Reifen 165-400 vorn, 155-400 hinten (180-15 vorn, 155-15 hinten ab 9/66, Export 180-15 rundum, später 185-15), Höchstgeschwindigkeit 120 km/h (ID Normale), 130 km/h (ID Luxe und Confort) bis 175 km/h (DSuper5).

DS Gruppe 5

Vierzylinder-Reihenmotor, 2475 cm³, 190 SAE-PS bei 6000/min, Motorblock aus Guss, Zylinderkopf aus Aluminium, Kurbelwelle fünffach gelagert, seitlich hoch sitzende Nockenwelle per Duplex-Kette angetrieben, Wasserkühlung und separater Ölkühler, 2 Doppelvergaser Weber 48 IDA, Fächerkrümmer – Kraftübertragung per mechanisch geschaltetes 5G-Getriebe auf die Vorderräder, Einscheiben-Trockenkupplung – Selbsttragende Ganzstahlkarosserie, Karosserieanbauteile (vielfach aus Aluminium oder Kunststoff) inklusive Dach verschraubt – Hydraulische Federung und Dämpfung mit automatischem Niveauausgleich und verstellbarer Bodenfreiheit – Scheibenbremsen vorn, Trommelbremsen hinten, per Hochdruck-Hydraulik servounterstützt betätigt, lastabhängige Bremskraftverteilung – Länge 4,25 m, Breite 1,90 m, Höhe 1,37 m (in Normalstellung), Radstand 2,60 m, Spurweite vorne/hinten 1,52 m/1,32 m, Gewicht 1120 kg, Reifen 195/70VR15, Höchstgeschwindigkeit über 200 km/h.

Bossaert GT19

Vierzylinder-Reihenmotor, 1911 cm³, 97 SAE-PS bei 5500/min, Motorblock aus Guss, Zylinderkopf aus Aluminium, erleichterte Kurbelwelle dreifach gelagert, seitlich hoch sitzende, bearbeitete Nockenwelle per Duplex-Kette angetrieben, Wasserkühlung, 2 Doppelvergaser und Spezial-Ansaugkrümmer, Spezial-Auspuff – Kraftübertragung per hydraulisch geschaltetes 4G-Getriebe auf die Vorderräder, Einscheiben-Trockenkupplung, hydraulisch automatisch betätigt – Selbsttragende Ganzstahlkarosserie (Bodenplatte Citroën), Karosserieanbauteile (vielfach aus Kunststoff, Entwurf 2+2 Coupé Frua) angeschraubt – Hydraulische Federung und Dämpfung mit automatischem Niveauausgleich und verstellbarer Bodenfreiheit – Scheibenbremsen vorn, Trommelbremsen hinten, per Hochdruck-Hydraulik servounterstützt betätigt, lastabhängige Bremskraftverteilung – Länge 4,42 m, Breite 1,79 m, Höhe 1,47 m (in Normalstellung), Radstand 2,70 m, Spurweite vorne/hinten 1,50 m/1,30 m, Gewicht 1100 kg, Reifen 165-400 vorn, 155-400 hinten, Höchstgeschwindigkeit 171 km/h.

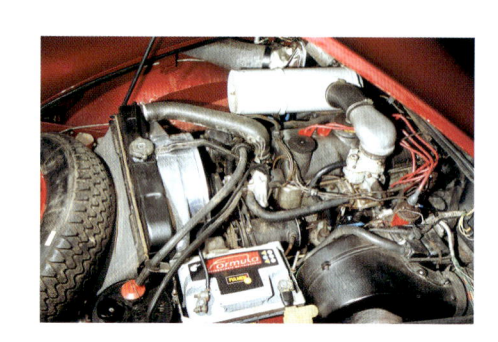

Michelin ID27

Vierzylinder-Reihenmotor, 1985 cm³, 90 DIN-(103 SAE-)PS bei 6000/min, Motorblock aus Guss, Zylinderkopf aus Aluminium, Kurbelwelle fünffach gelagert, seitlich hoch sitzende Nockenwelle per Duplex-Kette angetrieben, Wasserkühlung, Registervergaser – Kraftübertragung per mechanisch geschaltetes 5G-Getriebe auf die Vorderräder, Einscheiben-Trockenkupplung – Selbsttragende Ganzstahlkarosserie, Karosserieanbauteile (teils aus Aluminium) inklusive Dach verschraubt, Bodenpartie geöffnet und modifiziert für Testreifen – Hydraulische Federung und Dämpfung mit automatischem Niveauausgleich und verstellbarer Bodenfreiheit – Scheibenbremsen vorn, Trommelbremsen hinten, per Hochdruck-Hydraulik servounterstützt betätigt, lastabhängige Bremskraftverteilung – Länge 4,99 m, Breite 1,79 m, Höhe 1,53 m (in Normalstellung), Radstand 3,20 m, Spurweite vorne/hinten 1,50 m/1,30 m, Gewicht 2060 kg, 4 Reifen 180-15 plus 5. Pkw-Testreifen separat in Mitte, Höchstgeschwindigkeit 160 km/h.

Michelin PLR

Zwei Chevrolet V8-Motoren im Heck, jeweils 350 cubic inch, 250 SAE-PS bei 4800/min, wassergekühlt – Kraftübertragung per Wandler und GM-3G-Automatik an die drei Hinterachsen – Selbsttragende Grundkarosserie aus Citroën-Break-Vorderteil und hinterer Stahlträgerkonstruktion, Karosserieanbauteile verschraubt – Hydraulische Federung und Dämpfung mit automatischem Niveauausgleich und verstellbarer Bodenfreiheit, Hydraulik-System mit allein 4 Kugeln für zentrales LKW-Testrad – 4 DS Scheibenbremsen vorn, 6 HY-Trommelbremsen hinten, per Hochdruck-Hydraulik servounterstützt betätigt, lastabhängige Bremskraftverteilung, DS-Servo-Hydraulik-Lenkung – Länge 7,27 m, Breite 2,45 m, Höhe 1,56 m (in Normalstellung), Gewicht 9150 kg, 10 Reifen 205/55-16 plus 11. LKW-Testreifen, Höchstgeschwindigkeit 180 km/h.

Danksagung

Dieses Werk hätte nicht ohne die Unterstützung, die Geduld und die Leidenschaft der Besitzer oder Zuständigen für die hier präsentierten Fahrzeuge entstehen können. Ihnen allen sei hiermit aufs Herzlichste gedankt:

Marc Biehler (DS19 1963)
Othello Chaouachi (DS19 1956 FIN 000425)
Alain Costes (DS21 Cabriolet 1969)
Frédéric Daunat (Bossaert GT19)
Dominique De Richter (3 x Chapron: ID19 Le Paris, Concorde, Majesty; DSuper 1975)
Noël Gaillandre (DS21 Pallas 1967)
Eric Lenoir (DS19 Cabriolet 1964)
Philippe Losson (ID20 Familiale 1972)
Patrick Prud'homme & Thierry Buron (Tissier Abschleppwagen)
Laurent Robière (DS23ie 1974)
Christian Rousseau (ID19 Break 1961)
Eusebio Sanchez (DS19 Prestige 1968)
Luc Saretto (DS21 Break 1968)
Jean Taxis (ID19 1964)
Pierre Verpeaux (Chapron Cabriolet 1958)
Eric Wattiau (DS21 Pallas 1971)
sowie im Conservatoire Citroën: Charles Herval und Jean-Claude Lannes (DS Gruppe 5), bei Patrimoine Michelin: Patrick Portier und Jean Gallabrun (Break ID27 und PLR).

Folgende Personen aus den Clubs waren für die Öffnung der Garagen vieler Sammler sehr hilfreich:

Frédéric Chalm, Georges Gaubert und Michel Weiss von der Fédération des Clubs IDéale DS (www.ideale-ds.com)
Philippe le Guérinais, Sylvain Molvinger sowie Elisabeth und Philipe Sarton vom DS-ID-Club de France
(www.dsidclubdefrance.net)
Olivier Delorme vom DS Club Révolution 55 (http://dsclub55.free.fr)
Johanne Aubineau von der Amicale des Automobiles Tissier (http://membres.lycos.fr/amicaletissier)

Diese Orte haben sich uns als würdige Rahmen für Fotos zur Verfügung gestellt:

Casino von Aix-en-Provence
Centre de Congrès et d'Exposition von Lausanne
Chateau de Valmer samt Gärten (Herrr und Frau Saint Venant)
Feuerwehrkaserne von Poissy
Firma DLB (Xavier Dubois)
Luft- und Raumfahrtmuseum von Le Bourget

Ohne die Hilfe folgender Personen und Institutionen hätte irgend etwas gefehlt:
Autorétro, Dominiqiue Bellière (CitroPassion, AutoPassion) Yannick Billy, Pierre Chancy, Christine und Philippe Dagobert, Jean-Paul Decker, Doudou, google.fr, Denys Joannon, Nico Michon, Omar und Sylvie, Nadia Raimbaud, Dominique Wambergue und Pierre Wattiau.

Schließlich, nach drei Monaten und Tausender im Galopp abgerittener Kilometer, sei dir, „Tib" gedankt, dein „kleines Pferd" gesattelt zu haben. Ohne dich hätte dieses Buch niemals... was für eine verrückte Idee!

Impressum

Die Originalausgabe ist 2006 in dritter Auflage unter dem Titel DS bei E-T-A-I, Boulogne-Billancourt, Frankreich erschienen.

Einbandgestaltung: Luis Dos Santos
Die Übersetzung ins Deutsche und die inhaltliche Bearbeitung besorgte **Ulrich Knaack**

Eine Haftung des Autors oder des Verlages und seiner Beauftragten für Personen-, Sach- und Vermögensschäden ist ausgeschlossen.

ISBN 978-3-613-02750-3

1. Auflage 2007
Copyright © by Motorbuch Verlag, Postfach 103743, 70032 Stuttgart.
Ein Unternehmen der Paul Pietsch-Verlage GmbH & Co.

Sie finden uns im Internet unter www.motorbuch-verlag.de

Nachdruck, auch einzelner Teile, ist verboten. Das Urheberrecht und sämtliche weiteren Rechte sind dem Verlag vorbehalten. Übersetzung, Speicherung, Vervielfältigung und Verbreitung einschließlich Übernahme auf elektronische Datenträger wie CD-ROM, Bildplatte usw. sowie Einspeicherung in elektronische Medien wie Bildschirmtext, Internet usw. ist ohne vorherige schriftliche Genehmigung des Verlags unzulässig und strafbar.

Lektorat: Joachim Kuch
Innengestaltung: Ipa, 71665 Vaihingen/Enz
Druck und Bindung: Graspo, CZ-76302 Zlin
Printed in Czech Republic